TODO LO QUE NO DEBERÍAS SABER

SELECCIÓN DE ARTÍCULOS

TONI GARCÍA ARIAS

TONI GARCÍA ARIAS

DEDICATORIA

Este libro está dedicado a **todos** mis lectores habituales. También está dedicado a aquellos que me dieron la oportunidad de plasmar mis opiniones en un periódico, **Paloma Reverte**, ex directora de La Opinión de Murcia, y **Ángel Montiel**, jefe de opinión. También se lo dedico a mi director actual, **José Ángel Cerón**, a mi primer benefactor, **Cecilio Almagro**, quién me apoyó y apostó por mí desde el primer momento, y a mi compañero **Alfonso Gil**, por su confianza.

También se lo dedico a mis lectores y críticos más activos; a **Jesús Montesinos** –por su promoción y amistad-, a **Zenón Delgado** –por su visión crítica-, a **Lucía Albaladejo** –por tener siempre una palabra amable-, a **María Ángeles Rubio** –por sus valores-, a **Juan Belijar y José Martínez** –por sus charlas-, a **Antonio Cascales** –por su humanidad-, a **Ana Díez** –por sus sabios consejos-, a **María del Mar Vega, Maribel Sánchez, Pilar Belmonte y María Jesús Hernández** –por nuestras conversaciones de terraza -, a **Toñi Hernández, , Clotilde Travé, , Mariano Visedo, Raquel Cerdán, MariCruz López, Julia Carmen, Lola Llorente y Esther Fernández** -por su profesionalidad y compañerismo-, a **Mar Gallego** -por tantas batallas juntos-, a **Enrique Medina** –por su modo de ver el mundo-, a todos mis primos (y sus parejas, que también son mis primos), en especial a **Agustín Arias, Alex Pena, Patricia Pena, Lidia García, Eva García y Fonsi García** –porque a pesar de la distancia, siempre están cerca-, a **Eva Boronat** –por su dulzura-, a **José Gª Ros, Juan Fco. Hernández, Mª Rocío Jiménez, Mª del Mar Jiménez, Carmen Mª Rey, Fernando Corbalán, Andrés Luis Rodeiro, Naima Khalifi, Paco Prian, Bea Gálvez y Pepe Ortega** –por su apoyo en las Redes-, a **Lety Pérez** y **Fermín Agustí** –por esa noche en Galicia frente a un churrasco-, a **Ornella Ivan** –por su pasión por aprender-, a **Mª Carmen Galiana** -por su amor a la literatura-, a **José Luis Truque** –por su sabiduría de todo lo humano y lo divino-, a **Ismael Peñalver** –por estar siempre cuando se le necesita-, a **Juan Fco. Tomás** –por su inigualable sentido del humor-, a **Juan Tomás Frutos** –por ese libro que nos espera-, a **Antonio Lucas** –por tantas y tantas buenas charlas-, a **Javier González** –por tantas "recursos" compartidos-, a **Ricardo Martínez** –por no permitir nunca que me baje el nivel de chocolate en sangre-, a **José Ángel Noguera** -por su compromiso por el bien de la educación y la sociedad-, a Sebastián Mateo –por su dedicación a favor de la calidad educativa- a **José y Ani** –por todas esas noches bajo las estrellas desvelando los secretos de la vida- y a **Pedro Andrés Vicente** –mi gran referente educativo por su extraordinaria calidad como docente y como persona-.

También se lo dedico a mis "hermanos", **Federico Javier Valdés** y **Bioska Valdés** –porque son mi infancia-, y a **Federico Valdés Pinilla** –por tantos recuerdos todos juntos-.

También se lo dedico a mi padre, **Celestino García**, y a mi madre, **Gelines Arias** -por ser mi brújula en la vida–y a mi hermano, **Celestino J. García** –por todo lo que me ha enseñado-.

Y a **Cris**, siempre.

ÍNDICE

TONI GARCÍA ARIAS

NOTA DEL AUTOR

Comencé a escribir para *La Opinión de Murcia* en el año 2003. Desde entonces, he escrito más de 500 artículos. Como ustedes se pueden imaginar, realizar una selección de 500 artículos resulta una tarea complicada, así que para hacer esta recopilación he reunido en este volumen no mis artículos más o menos queridos, sino los artículos más leídos y más votados por los lectores.

Los artículos que aparecen en este volumen respetan la fecha de publicación, por lo que los primeros corresponden a los más antiguos. Esto tiene su importancia, ya que se puede comprobar que muchos de los asuntos y problemáticas que se trataban en 2003 aún tienen en este 2016 -por desgracia- toda la vigencia.

Espero que les guste.

PROLOGO

Cuando Toni García Arias me pidió que escribiera el prólogo de este libro, de esta estupenda colección de artículos, acepté sin pensarlo un instante: es para mí un honor el hacerlo.

Toni reúne la sabiduría de los buenos educadores y el estilo y la elegancia de los grandes poetas. Son cualidades difíciles de encontrar por separado, no digamos ya entonces lo excepcional que es que un individuo acoja ambas. Pero es que además él tiene la sensibilidad por los temas sociales que sólo tienen las personas que son capaces de ponerse siempre en el lugar del otro, de traspasar todas la barreras y los prejuicios para imponer la empatía como lema, y para ahondar en las causas que son origen de tantos y tantos problemas, de tantas y tantas injusticias.

Leer estos artículos de Toni es una gozada, pero también supone un ejercicio de profunda reflexión: sus palabras nos tocan con una varita que hace que pensemos acerca de asuntos que, habitualmente, se escapan de nuestra percepción, atribulados por un mundo agitado y saturado de información banal. Toni nos engancha y nos emociona con sus historias, pone nombre a los protagonistas de sus artículos y consigue con la eficacia de un mago que su mensaje, en muchas ocasiones la voz de los que la han perdido, nos inunde, y se instale en nuestra memoria y en nuestra conciencia para siempre.

Cuando el lector lea, o relea, después de algunos años, algunos artículos, descubrirá que además Toni conoce de sobra el alma humana, y los temas que le preocupaban hace ocho, diez o doce años no sólo no han perdido vigencia: están ahora de más actualidad que nunca. He ahí también el extraordinario mérito de esa sabiduría, casi profética, de la que hace gala.

Toni es articulista, es educador, pero, para mí, sobre todo, es poeta. Su acierto en el manejo del lenguaje, su extremado lirismo, lo hallamos en estos artículos con inusitada frecuencia, para alegría del lector, que disfruta más de la reflexión, de la denuncia, de lo dicho, en definitiva.

Te aliento, amigo lector, a adentrarte en esta selección de artículos. Vas a disfrutar de un viaje fascinante, y en la travesía irás bien acompañado por la suave voz de Toni, que te mecerá en sus reflexiones, y tú lo harás a su lado, y a su lado sacarás tus propias conclusiones. Es un periplo por nuestra historia más reciente, salpicada de anécdotas y de hechos cotidianos, que son los que construyen finalmente la Historia, con mayúsculas. Al final del viaje te sentirás más pleno, más sabio, y, sobre todo, mejor ser humano. Porque Toni tiene la habilidad de contagiarnos su enorme sensibilidad social, y finalmente uno termina por aliarse en su hueste de ciudadanos que se preocupan por el entorno que les rodea, que se ocupan de que ese entorno sea cada día un poco mejor.

Toni escribe desde hace años en La Opinión de Murcia, el

mismo periódico en el que vieron la luz mis primeros artículos y poemas. Es para mí un orgullo que tengamos ese lazo invisible uniéndonos, esa feliz coincidencia que yo pienso no es casualidad, y que algo de maravilloso hay en ello. Así me gusta pensarlo y soñarlo.

Gracias Toni por este libro, por esta selección de artículos fascinantes y emotivos, que son en su conjunto un regalo para el alma.

Enrique Laso.

TONI GARCÍA ARIAS

1. QUE VUELVA MAZINGER

Cuando recuerdo mi infancia, recuerdo a **Mazinger Z**. Aquel arcaico robot de acero era mi favorito. Lo quería como si lo hubiera construido yo mismo con mis propias manos. Cuando **Koji Kabuto** sobrevolaba la piscina para ensamblarse en la cabeza del robot, realizando la cuenta atrás y gritando "…tres, dos uno, cero; Mazingeeeeer", los pelos se me ponían de punta. Mazinger es parte de mi infancia, como para la de otros podría ser **Heidi**, **Marco**, **Pipi Calzaslargas** –Pipilota para los niños- o los payasos de la tele. Para bien o para mal, desde la irrupción de la televisión en nuestros hogares, este electrodoméstico cuadrado se ha convertido en un miembro más de la familia. Sin duda, cada generación ha quedado marcada por una serie de programas que no podrán olvidar durante el resto de sus días. Aunque pudiera parecer una banalidad, los programas que vemos influyen – queramos o no- en nuestras vidas.

Durante los últimos años, los denominados "programas basura" o "cultura basura" o, simplemente, "telebasura" se han adueñado de la programación de un modo tan monopolista que apenas queda hueco para programas interesantes. Las tardes y las noches se han convertido en un triste espectáculo de pocholadas y de islas de famosos cubiertos de picaduras de mosquito. No falta tampoco el típico "debate" entre dos miembros de una familia que se ponen verde el uno al otro mientras el público jalea la lucha como en tiempos de los romanos. No es que me preocupe demasiado lo que ve el público adulto -ya somos todos mayorcitos-, pero sí que me preocupa lo que no pueden ver los que no son tan mayorcitos. Una de las cosas que más me sorprende de nuestra querida televisión es la desaparición casi total de programas infantiles. Si echamos un vistazo a la programación diaria, observamos que el horario en que el niño podría estar viendo la televisión está copado por programas de color rosa —por ponerles algún color-. El problema, el verdadero problema, es que no por ello los niños dejan de ver la tele, con lo cual se empapan de lo peor de la fauna ibérica. Debido a su extraordinario poder de convocatoria, la televisión tiene un papel social que cumplir, principalmente en lo que se refiere a la protección del menor. Para las cadenas televisivas, los más pequeños solo son interesantes cuando se trata de emitir publicidad. Hoy por hoy manda el temido share —es decir, la rentabilidad; el dinero, para entendernos-. Aquello que no vende, sale fuera de la programación. Tal vez sea culpa de las cadenas por preocuparse única y exclusivamente de sus ganancias. Tal vez la culpa sea nuestra, de los espectadores, por no exigir una programación de calidad y por tragar cualquier bodrio que nos echen. Seamos o no unos devoradores de programas basura, los más jóvenes no tienen culpa de nuestros complejos y de que queramos dar rienda suelta a nuestros más bajos instintos. Debemos proteger a nuestros jóvenes y analizar la programación que ven en televisión, porque —quieran o no- formará parte de su vida. Recuerden si no cuantas conversaciones tenemos sobre la televisión. En cualquier charla de amigos, uno podría pasarse horas y horas hablando de Mazinger Z o de **Gabi**, **Fofo** y **Miliki** o de la pobre madre de Marco que no daba aparecido la muy pesada. Los niños del 90 hablarán de si a **Dinio** se le entiende cuando habla o de la mochila de **Pocholo** o de los pelos de **Aramis** o de la familia **Pajares** o de los hijos ilegítimos de tal y cual. Es una lástima. Si seguimos así, solo se me ocurre una solución para arreglar este problema; ¡qué vuelva Mazinger!

2. BECKHAM CONTRA GREETA

Dentro de unos meses, cuando veamos a **Beckham** dándole patadas a un balón, los aficionados al fútbol nos volveremos locos de gusto, incluso millones de ciudadanos de todo el mundo correrán enfervorecidos para sacarse el carnet de socio del Real Madrid. Japoneses incluidos. Será algo prodigioso: Beckham, Figo, Zidane, Raúl,…todos juntos pasándose la pelota, como si, al fin, hubiéramos completado el álbum de cromos. Escalofriante. Aunque para escalofriante, lo que sigue. Los contratos de Beckham con las ocho grandes marcas a las que presta su imagen suman un total de 9.152.000 euros anuales (no intenten calcularlo en pesetas; las euro-calculadoras no tienen tantos dígitos). En el Madrid, sin embargo, solo cobrará 6 millones de euros por cada año de contrato. A todo esto, habrá que sumarle las ganancias por los 330.000 ejemplares vendidos —solo en un par de meses- de su autobiografía, que promete ser más interesante que la de García Márquez. La verdad es que el chico se lo merece.

Greeta, sin embargo, es una preciosa niña pakistaní de diez años con mirada de adulto. Tiene el pelo negro y su piel no es tan blanca como la de Beckham. Desde los 5 años trabaja en el cosido de balones de fútbol para las fábricas de Sialkot, una ciudad de Pakistán que vive casi exclusivamente de la producción de material deportivo, especialmente de la fabricación de balones de fútbol. En concreto, Sialkot fue el único productor de balones para los campeonatos mundiales de fútbol de 1998 y 2002. Esta industria representa 1 billón de dólares en las exportaciones paquistaníes. Para que Raúl o Zidane puedan darle una patada a un balón de fútbol y para que usted y yo podamos verlo, es imprescindible el trabajo de miles de niños como Greeta, que cosen durante catorce horas al día este tipo de artilugios esféricos. Como el mercado es como es, Greeta recibe 34 centavos de dólar por balón. A lo largo del día, puede coser hasta 5 balones. Si se aburren, echen la cuenta de lo que gana al año (aquí la euro-calculadora no les dará problemas).

La vida es así de extraordinaria; para que el león -rey de la selva- subsista es necesario que se coma lindas gacelas. Para que Beckham o las marcas de balones de fútbol -reyes del campo- se enriquezcan es necesario que se coman a lindas Greetas. Y es que son los nuevos dioses del Olimpo. Hasta el mismísimo Raúl exigió ver al alcalde de Madrid para que le dejase poner la bufanda a la Cibeles. Y es que ellos son así; no sudan, transpiran. Cuando empiece el campeonato de liga, Beckham cobrará casi 3 millones de pesetas al día por darle patadas a un balón por el que Greeta ha cobrado 57 pesetas. Cuando Beckham salte al campo del Santiago Bernabéu, mis aplausos irán dedicados a Greeta.

3. GRANDES LECTORES

Últimamente vengo observando una cierta obsesión por parte de algunos padres y madres de los niños más pequeños que me tiene ciertamente preocupado. Con frecuencia, he escuchado decir a algunos de ellos *"he cambiado a mi niño de colegio porque en el nuevo ya salen leyendo desde infantil"*. Esta frase, que parece tan inocente y tan sabia en un principio, contiene unos cuantos aspectos que me parecen, como ya digo, preocupantes. Por eso, y para información de este tipo de padres, me gustaría aclararles y precisarles algunos puntos que podrían resultar interesantes.

En primer lugar, la lectura en un niño —según la psicolingüística generativa— es un proceso madurativo que, raramente, se desarrolla en la etapa de la Educación Infantil —o, como reza la nueva Ley de Calidad, el Preescolar-. Por tanto, lo que tienen en sus casas no es un niño que sabe leer, sino un reproductor de símbolos. También los reproductores de CD reproducen música y nadie rompe a aplaudir cuando ello sucede. En realidad, aquellos que nos dedicamos a la educación —y que debemos de ser considerados como profesionales de la misma-, sabemos que incluso en la universidad —y más allá- existen alumnos que continúan reproduciendo símbolos como lo hacían en Preescolar, pero leer, lo que se dice leer, no saben. Algunos centros, por desgracia, entran en esta dinámica de "enseñar a leer" desde la Etapa de Infantil para contentar a padres como los del ejemplo. Sin embargo, mientras Preescolar siga siendo optativo, los alumnos tienen derecho a empezar en el primer curso de la Educación Primaria —la obligatoria- sin saber leer, a pesar de que la nueva ley diga, paradójicamente, lo contrario. Pero claro, aquí también hay que precisar que aquellos que hacen la ley, a veces, tampoco la leen.

Otro aspecto que me gustaría resaltar es esa insana urgencia que algunos padres tienen porque sus hijos empiecen a leer desde que son espermatozoides. Lo importante no es que empiecen a leer con tres añitos; lo fundamental es que sigan leyendo cuanto tengan cincuenta. Y sobre eso, hay mucho que decir. Gran parte de esos padres que se enorgullecen de que sus hijos de cuatro años ya son máquinas de lectura, en realidad –lo dicen las estadísticas- no tienen un solo libro en su casa, no han leído ningún libro en los últimos trescientos años y, además, no tienen intención de hacerlo. Dicen esas mismas estadísticas, que los jóvenes españoles dedican una media de 14 minutos diarios a la lectura frente a 130 minutos dedicados a ver la televisión o al uso del ordenador. Así mismo, destacan que los noruegos leen una media de 42 libros al año. Y que yo sepa, no empiezan a leer desde los tres años. A lo mejor es que aquí comenzamos a leer prematuramente y nos cansamos antes. En fin, que aún somos un país de Quijotes, aunque cada vez sean menos los que recuerdan quién carajo escribió el libro.

4. EN PELIGRO DE EXTINCIÓN

Hace unos días, paseando por los pasillos de una librería, encontré un libro del fotógrafo Sebastiao Salgado, titulado Retratos. Abrí el libro al azar, como se abren los sueños o los recuerdos, y frente a mí apareció la página 69, un número que siempre me ha gustado. Un niño negro me miraba desde el otro lado de la página, como si me esperase allí encerrado desde hacía tiempo. Se trataba de un niño del Campo de la Escuela de Natinga para sudaneses desplazados. Su edad rondaría los catorce o quince años. Su mirada reflejaba cierta desconfianza, y agarraba con su mano derecha un pedazo de madera sobre el que estaba sentado. En realidad, sus ojos no parecían mirar a la cámara, sino al mundo. Tal vez de ahí su desconfianza. Luego seguí recorriendo las páginas de aquel libro como si fuesen las distintas rutas de un mapa. Cada página mostraba el rostro de una niña o de un niño desplazado a causa de la guerra sufrida en su país (Afganistán, Somalia, Croacia, Mozambique, Sudán, etc., etc.). Uno de los aspectos que más destacaba de todos aquellos retratos era que apenas había rostros que nos brindaran una sonrisa. Todos aquellos ojos profundos se movían entre la esperanza y la resignación, entre la infancia y la madurez, entre el amor y el odio. Salí de la librería feliz, con el libro bajo el brazo, como si me hubiese llevado a mi casa a todos los niños víctimas de la guerra en lugar de un conjunto de folios grabados. Cerca de 100 retratos de niños que reflejan la tragedia de millones.

En Occidente -dicen las estadísticas, las noticias y los profesionales de la educación- los niños de catorce años no tienen esos ojos. Tienen móvil en el bolsillo y un televisor en su habitación y un patinete con motor de gasolina. Algunos salen de casa a las cinco de la tarde y regresan a las doce de la noche. O más tarde. No tienen esos ojos, pero si el niño insiste mucho, sus padres acaban comprándole los ojos, la nariz y las orejas. Porque en las culturas occidentales se compra de todo. Hasta los sentimientos. Nuestros niños, al contrario que los niños del libro, tienen todo lo que desean a su alcance, apenas tienen obligaciones que cumplir, mantienen relaciones sexuales sin saber por qué y toman drogas de diseño -no por experimentar nuevas sensaciones o para huir de la miseria- sino porque mola mogollón. Al final, su máxima aspiración es una Play-Station, que es algo así como el paraíso sin mover ni un solo músculo. Por norma general, los hemos educado en el egoísmo y el egocentrismo. Y, por supuesto, en el poder del dinero. Como dicen algunos adultos "no quiero que les falte lo que a mí me faltó". Aunque suelen olvidar que, en realidad, están intentando recuperar su propia infancia, no educar la de sus hijos. En fin, que cada vez hay más niños en cuerpos de adulto y más adultos en cuerpos de niño. No sé si me entienden. Pero niños, lo que se dice niños –entre las víctimas de guerras y hambrunas, y los criados en la panacea del capitalismo occidental- cada vez hay menos. Los adultos nos estamos cargando la infancia. Como sigamos por este camino, dentro de poco los niños serán declarados en peligro de extinción, como la selva del Amazonas, el lince ibérico o Copito de Nieve.

5. LA TETA O EL INFIERNO

"Me dijeron que tenía que entretener a la gente, quitarme la ropa y dejarles hacer lo que quisieran. Protesté y me dieron una paliza". Así comienza —o termina- la historia de **Deeba**. Sin padre, con seis hermanos y una madre sin recursos económicos, Deeba nació en una mísera aldea de Bangladesh, la India. Una mañana, uno de esos seres a los que —por costumbre- llamamos humanos, convenció a la madre de Deeba para que dejara la niña a su cargo, prometiéndole un futuro mejor. Así que, con diez años, esta niña de ojos negros y profundos, se lanzó al enigmático mundo de la emigración, hasta que sus huesos fueron a parar al barrio chino de Khirdirpur. Allí, en vez de un futuro, se encontró con una *madama* que nada más verla le espetó la frase con la que empieza —o termina- esta historia. Pero el corazón de esos seres a los que llamamos humanos, a veces, es compasivo. Así que, como Deeba tenía tan solo diez años y aquello podía levantar las sospechas de la policía, esperaron hasta que cumpliera los doce, que ya es una edad en la que un niño puede asumir su prometedor futuro. El primer día —recuerda- tuvo tres clientes. Cobraba entre tres y diez euros, aunque ella nunca veía el dinero, solo el cuerpo desnudo y sudoroso de otro ser humano encima del suyo. Como la mayoría de sus clientes no usaba preservativo, Deeba quedó embarazada muy pronto. Aún así, la obligaron a prostituirse hasta que cumplió el noveno mes de embarazo. El niño que nació de allí, murió a los siete días. Pasado el periodo mínimo, siguió prostituyéndose — los futuros prometedores son así de continuados-; se veía obligada a prostituirse aunque tuviese la regla, la gripe o los genitales hinchados.

Un día, Deeba intentó huir. Se escapó del burdel y logró desaparecer durante un tiempo. Muy pronto, la volvieron a capturar. Entonces, Deeba –sin ganas de continuar con aquella tortura- calculó hasta qué punto merecía la pena el suicidio. Sin embargo, aguantó, tal vez porque – en un arranque de lucidez- se había dado cuenta de que ya estaba muerta en vida.

Pero he aquí, que lo que no puede el dinero lo puede el amor. Un cliente del burdel conoció su historia, se enamoró de ella y se casaron. Ahora, con veinte años, Deeba vive en Calcuta con su marido y sus dos hijos. No he escrito "vive feliz", porque -por las noches- Deeba aún recuerda el dolor de sus genitales, el olor a sudor, las manos de un ser que despreciaba sobando su cuerpo infantil.

Unos 650.000 menores viven esta experiencia –o muy similar- en Filipinas, 400.000 en la India, 200.000 en Tailandia,… 5.000 en nuestro país, y Unicef advierte que en este último año la prostitución infantil ha aumentado cerca de un 20%. En Tailandia, por ejemplo, la prostitución factura el 15% del Producto Interior Bruto. El tráfico ilegal afecta cada año a 1.200.000 menores, un negocio que mueve 8.500 millones de euros y del que Europa es el principal receptor y consumidor.

No es por nada, pero la próxima vez que **Britney Spears** y **Madonna** se besen en un concierto, o que **Janet Jackson** enseñe un pecho en la Superbowl, yo les sugiero a algunos puritanos que piensen en Deeba y en su infierno. A ver qué les escandaliza más.

6. EL LUGAR DEL CRIMEN

España es un país con cuarenta millones de habitantes y el mismo número de grúas. Resulta imposible recorrer un kilómetro de nuestra geografía sin encontrarnos con una grúa, unos cuantos ladrillos y un grupo de viviendas en construcción. Este nuevo paisaje inmobiliario está muy bien, porque —según los analistas más dicharacheros- eso significa que se ha incrementado la demanda. La demanda, aumentar —lo que se dice aumentar- no sé si habrá aumentado, pero demandar, tal vez habría que demandar a más de uno.

En el periodo que va desde 1999 al 2003, en España se han construido una media anual de 550.000 viviendas. A este ritmo, uno podría pensar que de aquí a un par de años tiene casa propia hasta el perrito del vecino. Pero que va; resulta que una de cada siete casas está deshabitada, y no porque al dueño no le guste, sino porque en un año le ayudará a aumentar en una cuantía nada despreciable (cerca de un 17% del incremento de la vivienda en 2003) su patrimonio personal. No se trata de una segunda vivienda de veraneo, sino de un negocio. Se calcula que en la última década, unas 700.000 viviendas habrían sido demandadas con una finalidad especulativa o de inversión, lo cual ayuda —y en mucho- al encarecimiento de la vivienda. Porque si, en realidad, hubiera dos viviendas disponibles de compra por cada habitante —como las lechugas o los pepinos-, el precio debería tender a la baja. Se me ocurre que —como en el caso de las siete mujeres por cada hombre- alguien tiene más de siete, mientras otros no tienen ninguna.

Y es que comprar una vivienda no es una tarea nada fácil. Para empezar —según un informe de *Caixa Cataluya*-, entre 1998 y 2003 el precio de las viviendas aumentó en un 91,6 por ciento, frente a un incremento de sólo un

27,6 por ciento de las rentas medias familiares. Según este mismo estudio, las proporciones de las rentas medias destinadas a la compra de un piso varían del 70 por ciento en las familias madrileñas, al 36 por ciento en la comunidad de Castilla-La Mancha. Pero lo peor, sin duda, está por llegar. Si usted, con todas estas facilidades antes mencionadas, decide adquirir una vivienda nueva, no vaya nunca por la obra a ver cómo se la construyen. Repito; ni se le ocurra aparecer por el lugar del crimen. Una vez finalizada la vivienda y asentado en ella, usted podrá disfrutar de lo efímero del color de las paredes, de las baldosas inclinadas, de las holguras aquí y allá, de puertas que no se abren y ventanas que no se cierran. Un parque temático en toda regla. Para aquellos que con sus sueldos de cajero, de repartidor, de policía, de camarero, no puedan llegar a cumplir con un crédito que les permita acceder a una vivienda, no desesperen. Dice la constitución que usted tiene derecho a una vivienda digna. Ahora solo tiene que encontrar al desgraciado que tiene la suya.

7. SALIR DEL ARMARIO

Siempre ha resultado difícil definir el término "normal". Incluso, en ocasiones, solemos confundirlo con "general"; es decir, que asumimos como **normal** aquello que es ***común o general*** a todos los individuos. Sin embargo, un comportamiento común no tiene porqué ser normal, y aquello que debería ser normal en el hombre, por desgracia, a veces no es lo habitual en él. El diccionario de la RAE es muy vago en cuanto a la definición del concepto "normal". Señala, por un lado, que se aplica a aquello que *está en su natural estado*, y, por otro, que se dice de aquello que *se ajusta a ciertas normas fijadas de antemano*.

Una parte de la sociedad piensa que la homosexualidad no es algo *normal*. Y tal vez tengan razón. Aunque es innegable que un homosexual se encuentra en su natural estado –como señala el diccionario de la RAE-, ya que si fuese heterosexual iría en contra de sus apetitos sexuales naturales. Puede ser que la homosexualidad no se ajuste a ciertas normas fijadas de antemano, lo que puede suponer que la homosexualidad no sea normal o que sean las normas fijadas de antemano las que no sean normales. Pero para no aburrirles, podríamos entender que, del mismo modo, alguien pudiera pensar que los gordos tampoco son normales –aunque el número de obesos aumenta día a día hasta convertirse en algo generalizado-. Lo mismo sucede con los calvos prematuros o con los pelirrojos. No son normales –tampoco- aquellos heterosexuales de la cabeza a los pies que, día tras día, atormentan a sus mujeres con brutales palizas. Tampoco lo son los que ven "Ana y los siete", ni los vegetarianos. No son normales aquellos que se atiborran de cerveza, se quitan la camiseta y comienzan a berrear contra el árbitro en un estadio de fútbol. Tampoco lo son los ciegos, los sordos, los mudos y los paralíticos cerebrales. Etc., etc. Sea como fuere, los cambios producidos en los últimos años en nuestra sociedad hacen que el concepto de "normalidad" tenga que ser revisado con cierta urgencia. Por otro lado, sucede que la opinión de normalidad que cada uno de nosotros tengamos sobre las cosas o las personas, nada debería tener que ver con el derecho que asiste a cada individuo.

Podemos considerar a los homosexuales del modo en que nos dé la real gana, sin embargo, ese enjuiciamiento individual no debería mutilar sus derechos, ya que estos deben ser comunes para todos los individuos que forman parte de una misma sociedad. Se me ocurre que la sexualidad es tan solo un aspecto más de la persona. No es más importante que su ideología o que sus recuerdos de infancia o que su profesionalidad. Sin embargo, hay quien piensa que los homosexuales llevan un pene en el cerebro todo el día. A más de uno le escandalizaría saber que su médico es homosexual, o su profesor, o su pescadero. Porque un homosexual –parece– está sucio todo el tiempo. Así de mágico. Un heterosexual –sin embargo– puede ser buen profesional, buen padre y buen amigo, y -mientras es todo esto- nadie se plantea su orientación sexual. Un gay, por el contrario, es gay las veinticuatro horas del día.

Pero a lo que íbamos. Sería importante –y necesario- que en una sociedad que se considera plural no existan ciudadanos de primera y de segunda categoría. Los homosexuales, por tanto, deberían tener los mismos derechos que el resto de sus conciudadanos. Incluso el derecho a enamorarse –porque ellos también se enamoran - y a casarse con la persona a la que aman. Si justificamos que una pareja de homosexuales no pueda casarse, también podremos justificar su separación dentro de las aulas – como sucede en EE.UU-, o la prohibición de bodas entre moros y cristianos. Durante años he oído en infinidad de ocasiones eso de que los homosexuales tienen que salir del armario. Hemos sido nosotros, sin embargo, los que les hemos hecho un armario a medida, los hemos encerrado allí y luego hemos tirado la llave. Todo ello, sin darnos cuenta de que —al fin y al cabo- somos nosotros mismos los que vivimos encerrados en el armario de una moral basada en el miedo, en el desprecio o en la marginación del que no es como nosotros. Ahora son ellos —paradójicamente- los que nos están ayudando con su normalidad a que nosotros salgamos también de nuestro estúpido armario.

8. SOBRE CALIDAD

Dice el refrán que "no hay mal que cien años dure", ni cuerpo que lo resista. En España –por eso de nuestra herencia de Lazarillos- llevamos más de cien años padeciendo un sistema educativo que no deja de variar una y otra vez, como si de una veleta se tratase. Parece que no acabamos de encontrar un sistema que agrade a todos, ni siquiera un sistema que no discrimine a nadie. Ahora, de nuevo, nos encontramos a vueltas con la paralización o la implantación de una nueva Ley de Educación, en este caso llamada –pura propaganda- de Calidad. Lo que no varía, sin embargo, es la bajada continuada y paulatina del nivel de aprendizaje de nuestros alumnos. Muchos de ellos llegan al primer curso de la ESO sin saber leer ni escribir. Y lo que es peor, abandonan el instituto sin saber hacerlo. Es evidente que tres años de Educación Infantil y seis de Educación Primaria deberían ser más que suficientes para adquirir dichos aprendizajes. Sin embargo, no es así. Pero la problemática de una educación de calidad no pasa sólo por diseñar una buena ley –como quieren vendernos-, sino por cambiar el valor de la educación en nuestra sociedad actual.

La carrera de magisterio -hasta hace bien poco- era una carrera menor, de tres años, con muy poco prestigio dentro del sistema educativo y de la sociedad. Como consecuencia, una de las etapas educativas más importantes –la Educación Primaria- estaría en manos de profesionales con escasa preparación. Esta falta de preparación se ve reforzada por la famosa "plaza fija", para toda la vida y parte de la eternidad. Y no es que me parezca mal buscar la estabilidad de los trabajadores –de todos-, pero una parte del funcionariado entiende este derecho como le viene en gana. Algunos de ellos no han realizado más actividades de formación que las estrictamente obligatorias, y desconocen las nuevas metodologías y hasta el funcionamiento de un ordenador. La famosa frase de que "cada maestrillo tiene su librillo" no es más que una invención para justificar la comodidad y la falta de preparación. En la toma de decisiones sobre educación, siempre aparecen pedagogos, psicólogos y políticos, pero apenas se cuenta con la figura de un maestro. Una tremenda contradicción, y una prueba del valor que se les concede.

Por otro lado, habría que analizar el comportamiento de esta sociedad del siglo XXI; una sociedad que ha dejado de valorar la educación como medio de promocionar o mejorar en el ámbito profesional, personal o humano, sustituyendo este valor por el valor del dinero y del estado del bienestar. Luego, tirándonos de los pelos, decimos que todo pasa por una buena educación. Por eso, si una pandilla de mal nacidos funden a sus mujeres a palos, deberemos introducir una asignatura en la escuela que solucione el problema. Si aumentan los embarazos y las enfermedades de transmisión sexual en adolescentes, se crea una asignatura de educación sexual, y santas pascuas. Así, otra para la educación vial, moral, espiritual, etc., etc. Solo faltaría ducharlos, bañarlos y darles alimentación y cobijo. Los centros educativos serían, de este modo, como las estaciones de servicio; abierto 24 horas. Y, al hacer balance, uno termina por preguntarse, ¿de qué parte de la educación se ocupan entonces los padres?

Por último, no debemos olvidar a nuestros políticos. Ellos –pobrecillos–, preocupados por la grave situación, se ponen manos a la obra para solucionar el problema. Eso sí, cuando van a su lugar de trabajo. Protestan por el absentismo en los Institutos y en las Universidades. Sin embargo, si vamos un día cualquiera –incluso de votación– al Congreso de los Diputados, veremos que los sillones vacíos compiten en igualdad de número con los sillones llenos.

En definitiva, que se pretende que desde la escuela se resuelvan todas las aberraciones generadas por la sociedad. Pero eso sí…sin invertir un duro y exigiéndole una responsabilidad que no le compete. Lo preocupante, al final, no es el nivel de los alumnos; lo alarmante es la demencia de los adultos que los educan y que deberían ser su ejemplo. Con nuestro comportamiento, son pocas las lecciones que podemos enseñarles. Estando así las cosas, habría que ir pensando en aprobar una Ley de Calidad del Ciudadano Medio.

9. POR LA CÁNDIDA ADOLESCENCIA

Dicen los padres de los adolescentes que prestaron declaración ante la Fiscalía por el suicidio de Jokin que el enfrentamiento con el joven no pasó de insultos, empujones y algún cachete. Nada del otro mundo, vaya. Seguramente —a juzgar por sus palabras- estos padres estarán acostumbrados a que en sus respectivos empleos el resto de compañeros les mencionen a la madre, los estampen contra la pared y les den cachetes en el culo. Y si no es así, no estaría de más que no hablasen tan alegremente de un sufrimiento que, posiblemente, desconocen. Los datos nos dicen que el 48% de los adolescentes padecen el llamado "bullying". De ellos más de la mitad sufre violencia psicológica, un 18% sufre violencia física y un 2,5% es víctima de agresión sexual. Por aportar más datos, decir que en EE.UU unos 1200 niños menores de 16 años mueren asesinados a manos de sus compañeros cada año. No se trata, como vemos, de un problema menor. Los cachetes y las burlas constantes -cuando se sufren- no resultan tan nimias.

Tras las palabras de los padres de estos alumnos se esconde una opinión compartida por gran parte de la sociedad sobre el tema de la violencia; a saber: que los empujones o los insultos representan un fenómeno normalizado dentro de las aulas, y que se trata de un mal asumible. Sin embargo, el insulto o el empujón no es más que el inicio de la irracionalidad. Es difícil establecer la relación entre las humillaciones sufridas por Jokin y su posterior suicidio. La ruptura de la confianza, de la autoestima y del autoconcepto que se produce en una víctima de acoso hace que pierda hasta tal punto su identidad que —en ocasiones- contemple el suicidio como la única salida a sus problemas. Pero no es cierto que las víctimas de acoso sean generalmente individuos débiles, sino que es el acoso reiterado lo que mina la personalidad y la seguridad de la víctima hasta convertirla en un ser débil. La norma general no es la debilidad inicial de la víctima, sino algún aspecto que pueda ser digno de gracia. Tener gafas, ser gordito, tímido, bajito, pelirrojo…todo supone una excusa perfecta para esa masa informe de los acosadores en grupo, y ni usted ni yo estamos libres de que un grupo de acosadores den con algo gracioso en nuestro cuerpo, vestimenta o manera de ser y nos tomen como objeto de mofa.

Estamos educando en una sociedad en la que impera el paradigma de lo que se ha dado en llamar "libertad individual absoluta", siendo la carencia de responsabilidad de los actos la más importante de sus características. Sin embargo, cualquier acto conlleva una responsabilidad hacia nosotros o hacia los demás. Los insultos no son niñerías, son una falta de respeto hacia otra persona, y así ha de ser valorado por todos. Si no sabemos distinguir entre lo moralmente aceptable y lo inaceptable estamos perdiendo el rumbo de la educación que queremos transmitir y el tipo de sociedad en la que queremos vivir. Miles de niños y adolescentes se enfrentan a diario con vejaciones como las sufridas por Jokin sin que nadie ponga remedio a su sufrimiento. Sin embargo, es hora de que sepamos dar soluciones a las víctimas y recriminemos a los agresores.

10. LA MALA EDUCACIÓN

El informe Pisa, relativo a la educación en treinta países de la OCDE, señala que el conocimiento de los estudiantes españoles ha retrocedido en el último trienio en matemáticas, lectura y ciencias, dejando a nuestros alumnos en un pésimo lugar. En líneas generales, se indica que nuestros alumnos no alcanzan el nivel medio en lectura comprensiva, que presentan graves carencias en cultura general y que su razonamiento lógico matemático es muy limitado. Es innegable que nuestro sistema educativo sufre serias deficiencias que arrastra pesadamente desde hace décadas. Sería imposible enumerar las aberraciones de las distintas Consejerías y del propio Ministerio en materia educativa: una mínima inversión, leyes sin continuidad, recorte de la plantilla del profesorado... Sin embargo, existe un problema de rango mayor que no radica tanto en el sistema educativo como en la sociedad española en su conjunto. La cultura y la educación, a pesar de los aspavientos y de las buenas palabras, no cuenta con muchos adeptos en nuestro país, donde la ignorancia y la estupidez campean alegremente a sus anchas.

Hace algunos años, la educación en nuestro país contaba con un valor añadido. Conseguir unos estudios era –de algún modo- el único medio de salir de la miseria. Hoy, en una sociedad que rinde culto al hedonismo, solemos medir a las personas por la cantidad monetaria de su cuenta corriente y no por la cantidad de conexiones cerebrales que realiza al cabo del día. Profesiones para las que no se requieren estudios perciben un salario mayor que profesiones para las que se precisa una cualificación pero que, en principio, no producen nada cuantificable. Entre ellas, profesores y médicos son los peor parados. Sobre el prestigio social del profesorado mejor no hablar, ya que la única estupidez que se les ocurre a muchos es la crítica sobre el amplio periodo vacacional del que disfrutan. Por otro lado, cualquier ciudadano que nos topemos por la calle sabría decirnos algún aspecto relevante de la vida del transexual Nicky, el de Gran Hermano, pero apenas conoce un solo dato de la vida de Ramón y Cajal, o de Ortega y Gasset. Muchos son los que pueden decir la alineación del Real Madrid de carrerilla, pero apenas sabrían nombrar tres poetas españoles vivos. Las Concejalías de Cultura —a las que habría que quitarles el nombre- gastan más en luces de Navidad y alfombras rojas que en fomento de la lectura, o en una publicación literaria o cultural que sirviera de encuentro a los jóvenes artistas y pensadores. Parece paradójico que en un momento de la historia en donde mayor es la oferta cultural exista menos cultura que nunca. Pasamos por la cultura, pero la cultura no pasa por nosotros. Toda esta estupidez generalizada es lo que perciben nuestros estudiantes, lo que aprenden de nosotros y lo que nosotros —inconscientemente- les legamos; desprecio por la lectura y por expresarse con corrección, el dúplex de trescientos metros cuadrados, el coche a la puerta, el dinero fácil, la veneración del futbolista mitificado, los chismes y los cotilleos, las denuncias entre famosos, la Play-Station para que no molesten.

El informe Pisa, si se lee con detenimiento, no dice que nuestros alumnos hayan fracasado en las pruebas a que han sido sometidos. Lo que dice, realmente, es que nosotros, los adultos -los profesores, los padres, los políticos, los fontaneros, los constructores, los jueces, los pintores-, como educadores, somos un auténtico desastre. Mucho me temo que si el informe Pisa fuese realizado sobre el agonizante conocimiento del adulto medio español, los resultados obtenidos hubieran sido —dramáticamente- bastante más desastrosos.

11. LAS CIGARRAS

Cuenta la fábula que mientras la cigarra se pegaba la vida padre y holgazaneaba feliz entre hoja y hoja, la hormiga acumulaba trabajosamente provisiones para la llegada del frío invierno. Y, como las estaciones son así de cabezonas e insisten en repetirse, el invierno llegó, y la cigarra se encontró con que no tenía ni un triste bocado. En 1972 se realizó la conocida como Conferencia de Estocolmo, un marco político para debatir sobre los problemas medioambientales que sufría el planeta. Treinta y tres años después, nos encontramos con que llega el invierno —o mejor dicho, el verano- y los problemas medioambientales siguen siendo los mismos que antes, pero con menos agua. Y ahora que parece que el problema de la sequía va realmente en serio, las autoridades correspondientes nos recuerdan la importancia del ahorro en el consumo de agua; justamente ahora, cuando el calor aprieta y uno tiene ganas de darse una ducha fría cada cinco minutos. En mi escasa lucidez creía que los ahorros se realizaban en periodos de bonanza para tener provisiones en los periodos de carencia. ¡Qué cosas!

En 2001, el Grupo Intergubernamental sobre la Evolución del Clima (GIEC) dio a conocer un informe en el que se señalaba que la modificación del clima era inevitable a causa del efecto invernadero, y que la única incógnita era la magnitud del mismo. Según los datos manejados por este grupo, la temperatura del planeta varió apenas unas décimas de grado desde el año 1000. Tras la revolución industrial y las emisiones de CO_2, se produjo un aumento de 0,8 grados entre 1860 y 2000. Para el 2100, debido al recalentamiento gradual e incontrolado, este grupo calcula que el aumento de temperatura será de entre 2,2 y 6,6 grados con respecto a la registrada en el siglo XVIII.

Por otro lado, este informe recuerda que sólo el 2,5 % del agua del planeta es dulce, y que las reservas poco a poco van menguando en el sur de Europa, norte de África y el sur de Asia. También recuerda que cada año se destruye entre el 1 y el 2 % del espacio forestal mundial, y que cada año desaparecen entre 25.000 y 500.000 especies. El GIEC hace unas conclusiones en forma de hipótesis bastante alarmantes, coincidentes con la Agencia Europea del Medio Ambiente; deshielo de los casquetes polares, aumento de tormentas y precipitaciones violentas, exacerbación del fenómeno El Niño, sequías más prolongadas, aumento de enfermedades propias de países subdesarrollados, anticipación de la primavera, desaparición de multitud de playas, etc. Y en el caso de España, son varios los informes que señalan su desertización gradual.

Ante todos estos datos y otros tantos elaborados por instituciones públicas y privadas, y coincidentes en sus evaluaciones y conclusiones, uno se pregunta por qué los distintos gobiernos mundiales no han puesto freno a una situación que ya se venía pronosticando desde hace medio siglo. Tal vez, cuando cada gota de agua tenga un precio en Bolsa similar al del barril de petróleo, comiencen a tomar conciencia del verdadero valor de las cosas. Aunque quizá, para entonces, más de media España esté ya invadida por un amplio y hermoso desierto. Pero hasta que eso suceda, cientos de cigarras de todo el mundo seguirán reuniéndose en futuros años en el Protocolo de Kyoto, holgazaneando entre sillón y tribuna, mientras esperan a que esas hormigas que somos los ciudadanos ahorremos unas cuantas gotas de agua de nuestras duchas para que unos pocos puedan seguir bañándose en sus enormes piscinas.

12. ¡CÓMO ME PONE!

En el último debate sobre el estado de las Autonomías, el presidente de Cantabria —Miguel Ángel Revilla- decía que, al igual que a Maragall se le erizaba el pelo al hablar de Cataluña, a él, hablar de Cantabria, "le ponía". Alertado por tal situación de lujuria y libido autonómica, me puse a recitar de memoria todas las Comunidades Autónomas, de Galicia a Andalucía, de Baleares a Extremadura, pero poner, lo que se dice poner, no me puso ninguna. Angustiado por mi falta de apetito nacionalista, me fui a ver a un psicoterapeuta amigo mío para consultarle mi problema.

Debido a mi origen gallego, me propuso que pensase en cosas gallegas que me gustaran. Le dije que el pulpo a la gallega me ponía bastante, pero que Fraga, sin embargo, no me ponía nada. También descubrí que me ponía la música tradicional gallega, pero que la popular, no acababa de ponerme del todo. Como no había ningún Maragall ni ningún Carod que me dijese lo que me debía y lo que no me debía gustar, no supe si aquello era suficiente para sentirme gallego. Lo que ocurrió a partir de entonces fue un auténtico desastre. Pensando, pensando, descubrí que me ponía a cien el bacalao a la vizcaína, la playa de la Concha de San Sebastián, el txakoli y el paisaje de Gallarta, por lo que podía darse que yo, en mi intimidad, fuera vasco. Pero qué va, porque descubrí que también me ponía el pisto murciano, el jamón de Teruel, el chorizo de Salamanca, la jota aragonesa, el flamenquín de Córdoba, la sidra asturiana, la catedral de Burgos, el acueducto de Segovia, los carnavales de Cádiz, y un sin fin de cosas más. Mi amigo psicoterapeuta y yo decidimos que, por tanto, era español. Eso estaba bien, sin embargo, surgió otra duda, porque también me pongo que no veas con el queso holandés, el chocolate suizo, la cerveza alemana y la pizza italiana. Así mismo, descubrí que también me ponía la Torre Eiffel, las calles de Lisboa, el Coliseo de Roma, el vals vienés, la catedral de Milán y los fiordos noruegos. Podría ser, dijo mi amigo, que lo que me ocurría es que yo fuera europeo. Pero no concluyó allí mi martirio, porque también me ponía a cien el desierto del Sahara, la arquitectura árabe, las pirámides de Egipto, las cataratas de Iguazú, el polo norte y los corales australianos. Mi psicoterapeuta, cansado de mi falta de concentración autonómica, sentenció que padecía un grave problema de mundialidad que tenía que curar con urgencia, no fuera a ser que al final no supiera quién era.

El caso es que regresé a casa aún más deprimido. Se supone que uno es lo que vive, lo que ama. Y a mí, no sé si a Maragall o a Carod les sucede lo mismo, me han influido un sinfín de paisajes, experiencias y personas que nada tienen que ver con el lugar en el que he nacido. Las películas de Hitchcock, "El Resplandor" de Kubrick, las novelas de Paul Auster, toda la obra de Shakespeare, "El grito" de Edvard Munch, la poesía de Miguel Hernández, la filosofía Hobbes, de Kant y de Ortega y Gasset, la obra de Dalí, la música de Bruce Springsteen, los poemas de Lord Byron, Borges, la pintura de Antonio López, el fútbol de Maradona…

En fin, que aunque no sé si es más importante la sardana que Bon Jovi, el caso es que poner, me ponen muchas cosas. Pero lo que más me pone es ver a un político etnocentrista que va de progre. Eso sí que me pone que no veas. Tal vez, si todos fuéramos igual de tribales, aún estaríamos dándole a unos palitos para inventar el fuego.

13. OPERACIÓN LOE

Últimamente se habla mucho de educación. Eso está bien; significa que la enseñanza es un tema que interesa y preocupa a la sociedad española, aunque uno no entiende muy bien por qué este movimiento se produce ahora y no hace cinco o seis años. Como si las cosas entonces fueran mucho mejor. Las reacciones que ha provocado la LOE en una parte de sociedad me causan una cierta fascinación. Desearía creer que los manifestantes en contra de esta ley pretenden la mejora de la educación –en algunos casos seguro que es así -, sin embargo, no sé por qué tengo la impresión de que tales manifestaciones siguen atendiendo a intereses políticos y económicos más que educativos. En esto, para nuestra desgracia, no existen grandes diferencias entre el partido en el gobierno y el partido de la oposición.

Teniendo en cuenta los últimos informes educativos nacionales e internacionales, la situación de la educación en nuestro país bien podría calificarse de lamentable. Somos, en resumen, uno de los países europeos con mayor índice de fracaso escolar, con peores niveles en lengua y matemáticas, y con mayor índice de violencia escolar. A juzgar por el texto, no parece que la nueva ley venga a resolver estos problemas. Una de las mayores críticas que recibe la LOE, es, precisamente, que se olvida de fomentar la responsabilidad, la disciplina y el sacrificio. Permítanme ofrecerles unos datos. Según algunas estadísticas, el 80% de los adolescentes de 15 años se ha emborrachado alguna vez. La edad media en que los niños comienzan a fumar son los 13 años, y a probar el alcohol, sobre los 12. Por otro lado, el 65% de los adolescentes españoles reconoce haber consumido algún tipo de droga. Y con respecto a las relaciones sexuales, cada año se adelanta la edad de comienzo. ¿Qué relación tiene todo esto con las leyes de educación?, se estarán preguntando. Pues bien; ninguna. Podríamos pensar que la falta de nivel de nuestros alumnos es culpa de la ley que rige nuestro sistema educativo, pero yo me inclino a pensar que al sistema educativo se le está exigiendo que resuelva problemas que, en principio, no le competen. Es cierto; no hay disciplina en las aulas, no se valora el esfuerzo, ni se fomenta el sacrificio. Lo mismo que sucede en nuestra sociedad. No es que la escuela de hoy no fomente la responsabilidad, sino que se encuentra con alumnos que no tienen la más mínima responsabilidad. No fomenta la violencia, tiene que soportar adolescentes descerebrados y violentos. Y sobre la tan deseada disciplina, decir que hoy hay que imponerla en los centros educativos, cuando antes los niños ya la traían puesta de casa. Es decir, se le pide a la escuela que recupere valores que en la sociedad y en algunas familias tampoco se dan. Por otro lado, la institución pública ya no ejerce esa loable función de otros tiempos de compensar las desigualdades. Por ello, en una sociedad tan democrática, el que quiera ser ignorante toda su vida está en su pleno derecho. Eso sí, fuera de las aulas. Hay que volver a recuperar la disciplina, el sacrificio y la responsabilidad. Estoy de acuerdo. Pero me gustaría saber, al margen de la ley de educación, qué están dispuestos a hacer los padres y el resto de la sociedad para garantizar y fomentar tales valores. Gran parte de esos valores los hemos ido tirando nosotros a la basura mientras nos hinchábamos a fomentar Grandes Hermanos, Operaciones Triunfo y Booms inmobiliarios. Es decir, el éxito rápido y sin sacrificio. Por ello, la escuela ha tenido que ir integrando en su currículo la educación sexual, ambiental, moral, para la igualdad de los sexos, higiénica, cívica y vial. Ahora, para compensar, no estaría de más que una parte de la sociedad diera la Lengua y las Matemáticas.

14. INDEFENSIÓN

Hace un mes, un individuo con tropecientas detenciones en su haber se adentró en un local de bocadillos del centro de Madrid para llevarse la caja. Ante la imposibilidad del robo, se atrincheró en el local con una decena de rehenes. Un violador reincidente con dos juicios pendientes por violación volvía a violar a una joven en el mismo lugar donde lo había hecho en las dos ocasiones anteriores. Un marido con cinco denuncias por malos tratos, daba muerte a su mujer en plena calle hace unos días. Los habitantes de un pueblo de Valencia se manifestaban hace unos meses ante el aumento de delitos sexuales y de robos en su localidad. Lo mismo sucedía en un pueblo andaluz. La semana pasada, unos delincuentes con antecedentes penales por delitos de sangre entraban en una joyería y mataban salvajemente a sus dueños para llevarse, al fin, ochenta euros. Y, así, podríamos seguir hasta rellenar una enciclopedia. Ante todos estos casos más o menos recientes surge inevitablemente una pregunta; ¿qué hace toda esta gente con antecedentes en la calle?

Si tenemos en cuenta que un porcentaje nada despreciable de violadores, asesinos, terroristas y ladrones vuelve a delinquir, parece demostrado que las medidas de reinserción han fallado estrepitosamente y valen para bien poco. Por otro lado, si tenemos en cuenta que España es uno de los países europeos donde el índice de violencia ha subido considerablemente en los últimos años, está demostrado que las políticas relacionadas con la prevención también han fallado. El caso es que España se ha convertido últimamente en un país donde es relativamente fácil delinquir, ideal para instalar cualquier tipo de mafia, un lugar excelente para ser juzgado con generosidad. Con bastante frecuencia comprobamos cómo son los mismos de siempre los que cometen actos delictivos. Se les detiene, entran en la cárcel y, en un tiempo mínimo, vuelven a estar en la calle, constituyendo una amenaza para la ciudadanía. Sus derechos parecen primar ante los derechos de las víctimas. Porque en esta sociedad existen individuos que no matan, ni violan, ni roban, ni rayan los coches ajenos, ni se mean en los portales de los demás, ni van por la calle acosando a las chicas con minifalda. Y son estos ciudadanos, precisamente, los que hoy por hoy están desprotegidos ante toda esta panda de impresentables y ante la propia ley.

Los cuerpos y fuerzas de seguridad del estado están desbordados, pero, principalmente, están desautorizados por unas leyes benevolentes y por magistrados indulgentes en exceso. Puede que sea cierto que se necesitan más agentes en las calles, pero, sobre todo, se necesita que tanto la justicia como las fuerzas de seguridad puedan actuar con mayor contundencia ante estos criminales. Todos los asesinatos, agresiones, violaciones y robos realizados por delincuentes reincidentes podrían haberse evitado si éstos hubiesen estado encarcelados. Este es un hecho irrefutable. La visión poética del ladrón privado de su libertad debe pasar a mejor vida. Hoy ya no hay ladrones que roben para comer y sustentar a su familia. Lo que hay ahora son unas alimañas capaces de arrancarle la vida a machetazos a usted y a todo el que se tercie para robarle ochenta miserables euros. Por eso, este tipo de seres deben cumplir sus penas íntegras en prisión. No se les debe permitir regresar a la calle para que puedan repetir otro acto salvaje. En cualquier caso, la justicia debería responder ante un asesinato que no debiera haber ocurrido. No podemos seguir manteniendo un sistema donde los muertos son enterrados y sus verdugos caminan por las calles como si nada pasase. Las víctimas, debemos recordarlo, ya no pueden reinsertarse jamás en nuestras vidas.

15. COSAS DE LA EDAD

Mientras paseaba por la sección de juguetería de un centro comercial, observé a un niño de unos siete años que se había parado frente a uno de los muñecos de las estanterías. No era un muñeco especialmente llamativo, de esos que hacen miles de filigranas y emiten sonidos por el sobaco. El rostro del niño mostraba esa ingenua ilusión que sólo los niños son capaces de albergar. Allí se pasó un buen rato, mirando el juguete de un lado a otro, tocándolo contenidamente, abriendo y cerrando los puños. Al rato llegó su madre, que lo arrastró de allí diciéndole que él ya era demasiado mayor para aquellas cosas.

La verdad es que aquella mujer me dio miedo. No tenía nada en especial, era una mujer como tantas otras. Sin embargo, aquella frase me llenó de pavor. Cuando uno le dice a otro "ya eres demasiado mayor para esas cosas", se produce una catástrofe de enormes proporciones. En primer lugar, cuando le decimos a alguien que es mayor, lo cargamos, sin darnos cuenta, de una montaña de años, le dotamos de una vejez que no le pertenece y lo llenamos de una contrariedad que su sentimiento interior no logra comprender. Por otro lado, al pronunciar esa frase, nosotros mismos nos condenamos definitivamente a la adultez más absoluta. Nunca he comprendido esa insana obsesión que tienen algunos por creer que ciertas cosas dependen de según qué edades. Uno tiene que estudiar a cierta edad, echarse novio a otra, casarse —no sin antes comprar y decorar el piso-, tener hijos, comprar una mascota. Todo a su debido tiempo. Hay fenómenos que no dependen de nosotros, sino de la simple naturaleza del tiempo, eso es evidente. Pero, ¿cuándo deja de tenerse edad para comprar un yo-yo?, ¿cuál es la edad ideal para comer gominolas, o palomitas?, ¿cuál es la mejor edad para correr por el campo, para jugar al escondite o para hacer pompas de jabón? ¿Cuál se supone que es la edad en la que uno debe enamorarse y perder la cabeza por otra persona? ¿A los doce años, a los quince, a los ochenta? ¿Cuándo debe desaparecer ese amor? ¿A los dos años de noviazgo, a los diez, a los tres años de casado? ¿Cuándo tiene uno que empezar a comprar una determinada ropa apropiada a su edad? ¿Cuál es la edad ideal para morir?

Cada vez jugamos antes a ser adultos. Con cinco años, un niño juega solo en su habitación con una maquinita inteligente. Con ocho años dejamos de creer en los Reyes Magos, en el Ratoncito Pérez y en la Cenicienta. A los doce años comenzamos a probar el alcohol y el tabaco, y dejamos de creer en la vida. A los catorce años comenzamos a tener relaciones sexuales, con una, con dos, con doscientas personas, y dejamos de creer en el amor. A los dieciocho años ya somos tan mayores que dejamos de creer en casi todo.

No somos conscientes de que la vida es soñar, y cuando despertamos ya estamos muertos. Perdemos la ilusión y la pasión tempranamente. Tratamos a los niños como adultos, a los adultos como viejos y a los viejos como antigüedades. Es cierto, somos demasiado mayores para ciertas cosas. Y, sin embargo, seguimos siendo igual de patéticos, igual de absurdos, igual de idiotas.

16. LA ESPAÑA DEL BOTELLEO

Mientras en Francia los universitarios se manifiestan en contra del llamado "contrato de primera contratación" que prevé el despido sin justificación de jóvenes menores de 26 años, en España, los universitarios se convocan unos a otros para acudir a macrobotelleos. Luego, algunos se preguntarán qué significa eso de que nuestro país lleva cuarenta años de retraso, aunque mucho me temo que nuestro atraso no obedece tanto a cuestiones históricas como culturales. Según parece, durante las últimas semanas se han venido repartiendo octavillas para la convocatoria de un macrobotelleo simultáneo en distintas ciudades españolas. En esta octavilla se dice que no sólo "tenemos la obligación y el deber de reivindicar nuestro derecho a beber", sino "a nuestra libertad". También se cita en este panfleto como algo negativo la prohibición de comprar bebidas alcohólicas a partir de las diez de la noche, lo cual, se afirma, no está recogido en la Constitución. Resulta gracioso, a fin de cuentas, que un fulano se apoye en cuestiones legales y marcos jurídicos para justificar el agarrarse una cogorza. Lo que ya no es tan gracioso es que se utilice el término "libertad" con tanta alegría, porque –como suele suceder- siempre hablan de libertad aquellos a los que nunca les ha faltado. La convocatoria de estos actos es tal, según afirman las autoridades, que pueden llegar a concentrarse tres mil o cuatro mil personas. Y no me extraña, porque, sin duda, toda esta problemática de algunos jóvenes por beber es mucho más importante que manifestarse en favor de unos contratos dignos o por conseguir rebajas en la adquisición de una primera vivienda; dónde va a parar.

Defiendo el derecho de todos los ciudadanos a poder divertirse, aunque es una lástima que algunos sólo encuentren la diversión en las borracheras, pero me niego a aceptar como un acto de libertad un hecho que atenta contra la libertad de otros. Porque si alguien, libremente, decide reunirse con otras tres mil personas para emborracharse en comuna, el vecino que tiene que soportar sus ruidos —también libremente- podrá cagarse en toda su familia y lanzarle chorros de agua hirviendo. Eso es lo bonito que tiene la libertad, se supone. Pero hay un hecho que es indiscutible; una cosa es el botelleo, y otra cosa bien distinta es ser un cerdo. Porque lo malo no es el macrobotelleo en sí como acto lúdico, lo malo es que se orinen en los portales, que llenen las calles de basura y de cristales rotos, que intenten forzar un coche para meterse dentro, que destrocen el mobiliario urbano, o que algunos acaben a mamporrazo limpio. En resumen; lo malo es que no hayan sido capaces de ponerse en el lugar del otro; del vecino que tiene que madrugar, del bebé que quiere dormir, de la vecina que tiene que limpiar el portal de orines, del barrendero que tiene que oler los vómitos. No sé qué concepto tienen estos convocantes del término "libertad", pero a mí, todo esto, me suena más a un acto de puro egoísmo y demagogia barata. Por no citar los enormes gastos en sanidad, en material y en seguridad —comas etílicos, desplazamientos policiales o destrozos de contenedores- que sus juergas nos suponen a todos los demás ciudadanos y que no sé hasta qué punto tenemos por qué asumir. Pero, en fin. Según tengo entendido, el ambiente festivo español se ha convertido en un reclamo turístico a nivel mundial. Existen incluso algunas agencias europeas de viajes que publicitan nuestro país como un lugar ideal donde se puede encontrar sexo fácil, se pueden agarrar grandes borracheras y, si hay suerte, uno puede llegar a tener enfrentamientos con la mismísima policía. Ahí es nada. Otro fenómeno más del que sentirnos orgullosos: somos el reclamo de lo mejorcito de cada casa. Igualito, igualito, que algún que otro país tercermundista. Sólo que aquí no es por necesidad, sino por puro gusto.

17. A TODA PASTILLA

Al fin, no ha podido ser. La operación especial de tráfico de Semana Santa se ha cerrado con un total de 108 muertos, 60 heridos graves y otros 66 leves. La política de la DGT se ha mostrado de nuevo ineficaz, inútil y tendenciosa. Desde hace años, las principales medidas para atajar el alto índice de siniestralidad se han dirigido a aumentar el número de radares, endurecer las sanciones e incrementar la crudeza de sus campañas publicitarias. La obsesión por centrarse única y exclusivamente en el conductor y en el exceso de velocidad comienza a resultar una ceguera insana por parte de la DGT. En cierta medida, da la sensación de que esta Dirección General está más preocupada por recaudar fondos que por salvar vidas. Para comprobar la inutilidad de su política, sólo hay que tener en cuenta varias consideraciones.

Para comenzar, debemos ir al principio de los tiempos y evaluar el modo en que uno consigue el carné de conducir. Los exámenes que se realizan en España son, en su mayoría, un auténtico cachondeo; una vueltecita por aquí, otra por allá, y –si tienes suerte con el examinador- apruebas. De este modo, las autoescuelas, amparadas por el estado, son un negocio en el que apenas se enseña a conducir. Pero si ese primer trámite para poder llevar un volante es poco exhaustivo, aún lo es más el psicotécnico previo; cinco minutos de reloj para cobrar su pertinente canon, prueba en el que uno puede presentarse con un estado de narcolepsia brutal que ni se lo notan. El dinero que uno gasta entre unas cosas y otra sirve, al fin, para comprar el carné, pero no para que a uno le enseñen a conducir. Con respecto a la velocidad, señala la estadística que sólo el 30% de los accidentes con víctimas se producen en autovías y autopistas, lo que significa que en muchas ocasiones el enemigo no es la velocidad, sino disponer de un solo carril en vías muy transitadas. En cuanto a los radares que ha instalado la DGT para controlar ese exceso de velocidad, señalar que el equipo de la revista Autopista ha visitado los 265 radares fijos que operan en las carreteras de España. Tras ese exhaustivo repaso, han concluido que el 40% de los radares vigilan puntos en los que no hay un peligro evidente. Esto quiere decir que 104 máquinas están colocadas con un criterio poco claro, posiblemente, recaudatorio. Pero, sin lugar a dudas, uno de los apartados que la DGT olvida es el de la asistencia a los heridos. Un informe europeo advierte que España es uno de los países con mayor demora en la asistencia sanitaria de accidentados. Señala el RACC Automóvil Club que si el nivel de supervivencia español fuera similar al alemán, en España se reducirían los muertos en carretera cerca de un 50%. Según este informe, el 66% de los muertos se producen en los 20 primeros minutos tras el accidente. Además, en algunos países europeos se establece por ley un tiempo mínimo de llegada de los servicios de emergencia al lugar del accidente. Así, en Alemania se garantiza que los servicios de urgencia llegan antes de 12 minutos, en Gran Bretaña antes de 8 minutos y en Dinamarca en 5 minutos. No obstante, en España no hay ninguna ley que regule estas situaciones. Escalofriante.

Todo esto no quiere decir que no existan miles de capullos que ponen en peligro constante a todos aquellos que circulamos por las carreteras, al margen de la velocidad que alcancen. Pero claro, mientras la Guardia Civil está ocupada en vigilar todos los radares y hacer controles de alcoholemia en lugares absurdos, no tienen tiempo para patrullar las vías y detener a los todos los farruquitos del volante que campean por nuestras carreteras completamente a sus anchas.

18. EL CORRAL DEL MUNDIAL

Con esto del mundial de fútbol, a algunos se les va la cabeza. Según he leído, en el pequeño pueblo suizo de Weggis, un ganadero se ha visto obligado a sacrificar a sus 250 cerdos para no molestar a la selección de Brasil, que eligió este hermoso lugar para realizar allí su preparación. Al parecer, cuando se levanta no sé qué viento, el olor que procede de la granja se hace muy intenso, y dicen que eso podría turbar la concentración de la expedición brasileña. Y es que ya se sabe el extenuante grado de concentración que se necesita para darle una patada a un balón; nada comparable con hacer una operación a corazón abierto, construir un puente o, simplemente, cuidar de una granja, que está tirao. El ganadero reconoció a los diarios que se vio obligado a realizar la matanza por consejo municipal, y porque, además, no quería que luego se fuera diciendo por ahí que la selección de Brasil perdió el mundial por culpa de sus cerdos. Es lo que le faltaba. De todos modos, espero que el "Koala" no se entere de esta noticia, porque con lo que le gusta a él "eshá guarrillo y eshá guarrilla", se puede liar la gorda.

Pero para mal olor, lo que está sucediendo en la trastienda del mundial de fútbol de Alemania. Dicen que con la afluencia a este evento de millones de machos en celo, los burdeles del país se van a poner las botas. Nunca habría imaginado que un mundial de fútbol conllevase semejante cosa, pero ya casi nada del ser humano me sorprende. Viendo el negocio que tenían ante sí, los dueños de este tipo de locales ya comenzaron hace meses a hacer reformas, e, incluso, han llegado a construir mega-prostíbulos en las cercanías de los estadios más importantes. De hecho, recientemente se ha inaugurado uno de ellos en Berlín, con 3.000 metros cuadrados y cuatro plantas. Supongo que semejante extensión estará destinada a que los consumidores de estos servicios, en caso de que pierda su equipo, puedan desfogarse corriendo en pelotas por las instalaciones como monos descerebrados. Pero ahí no queda la cosa. Como estos empresarios del sexo son más listos que el hambre, ya tienen la fórmula por si las ganas de liberar energía sexual le cogen a uno desprevenido en mitad de la calle, como si de una vulgar cagalera se tratase. Para ello, ya han previsto instalar miles de "chabolas del sexo" o "cabinas de prestaciones" por algunas zonas de las ciudades -algunas incluso móviles-, que incluyen aparcamiento, duchas y todo lo necesario para preservar el derecho a la intimidad del cliente. Es decir, para que no se entere su novia, su mujer o su madre. Como las 400.000 prostitutas declaradas en Alemania parecen no ser suficientes para tal avalancha de machos cabríos, se calcula que otras 50.000 mujeres podrían llegar de otros países con el fin de cubrir la demanda. Lo que no se sabe —o no se quiere saber- es cuántas de esas mujeres han sido secuestradas y van a ser forzadas a realizar esta actividad. Ni tampoco cuántos menores van a ser utilizados para fines sexuales por las redes de prostitución durante el mundial de fútbol. Y de este grave y reconocido problema, son tan responsables los gobiernos como aquellos que van a asistir al mundial de Alemania con toda la intención de desfogarse sexualmente, ya que con su demanda dan pábulo a este tráfico ilegal de seres humanos. Aunque claro, habitualmente este tipo de individuos no son capaces de pensar más que con un órgano que está muy por debajo del cerebro, y, sin lugar a dudas, en las antípodas de la ética. Estoy convencido de que si fuesen mayoritariamente mujeres las asistentes a este evento, no sucedería nada semejante. Y es que, al final, van a tener razón esos que dicen que un camión cargado de cerdos se diferencia de otro cargado de hombres únicamente en la matrícula. Pobres cerdos. Pobre deporte.

19. UNA VIVIENDA DIGNA

Cuando nació mi padre, mis abuelos paternos vivían en una casita de piedra de unos ochenta metros cuadrados. Eso estaría bien, si no fuera porque, además de tener que compartir aquel reducido espacio con ratones, cucarachas y todo tipo de bichitos propios del campo, en total eran once de familia. Con el esfuerzo de mi padre y de sus ocho hermanos, poco a poco fueron construyendo una casa de cemento y ladrillo de dos plantas que, en la actualidad, es la casa de mis abuelos. Han pasado muchos años desde entonces, pero, a pesar de todo este tiempo, la vivienda sigue siendo una de las mayores preocupaciones de los españoles. Hoy, para poder acceder a una vivienda, una persona tiene que destinar más de la mitad de su sueldo. Y no hablamos de una vivienda de esas que quitan el hipo, con piscina, hidromasaje y siete cuartos de baño, sino de un pisito de menos de sesenta metros cuadrados, con las paredes más finas que una loncha de jamón york y grietas varias en todos los techos. Este dato tan revelador nos conduce a realizar una doble lectura. En primer lugar, que el precio de la vivienda está muy por encima de las posibilidades de muchos ciudadanos de nuestro país. En segundo lugar, que la subida de los sueldos en comparación con la subida de los precios es considerablemente inferior. Y esas, son dos de las principales causas que llevan a muchos jóvenes a no poder independizarse hasta más allá de los treinta años. Puede que sea verdad, como critican algunos, que muchos jóvenes están cómodamente instalados en la casita de sus padres, con la comida puesta en la mesa y la ropa limpia. Pero no creo que sean la mayoría los que desean esta situación. Cuando vemos como empezaron nuestros padres, nos damos cuenta que no son necesarias tantas cosas para comenzar con una vida propia. Lo que sucede es que hoy no es antes, y en la actualidad se requieren de unas condiciones diferentes a las de entonces, porque el ritmo de vida, por desgracia, obliga a ello. Además, ya han pasado demasiados años como para que las dificultades que se encuentran nuestros jóvenes en la actualidad sean las mismas que las de hace medio siglo.

Como ya he señalado, para independizarse se necesitan unas condiciones mínimas económicas que el mercado laboral no ofrece. Para poder llevar una vida más o menos digna, hoy en día tienen que trabajar los dos miembros de la pareja. O, como mínimo, uno de los miembros debe procurarse dos trabajos. La hipoteca, la luz, el agua, el teléfono, el préstamo del coche, el seguro, la gasolina, el mantenimiento del vehículo. El pan, el aceite, los impuestos directos e indirectos,... En fin, para qué seguir; demasiados gastos. Supongo que a la juventud emprendedora de nuestro país –que también la hay- no le estamos ofreciendo oportunidades suficientes para independizarse. Y resulta lamentable que las condiciones laborales de hoy en día no hayan mejorado al ritmo que lo han hecho los sueldos de nuestros políticos, por ejemplo. Y es curioso todo esto, porque nuestros padres y abuelos han producido a lo largo de estos últimos años una riqueza extraída del sudor de su frente que parece no haber revertido en sus hijos o nietos. Pero, además, en lo relativo a la vivienda, resulta interesante que las distintas administraciones tengan competencias para cobrar a través de impuestos por cada una de las reformas que un individuo hace en su propia casa, pero, en cambio, no sean capaces de regular un mercado inmobiliario que se ha vuelto salvaje. Puede que, al fin, la vivienda no sea para nuestros gobernantes un tema de interés social, sino un lucrativo negocio que se reparten en grata compañía con las distintas empresas. Eso sí; a costa, otra vez, de nuestros esfuerzos.

20 INSTINTO ANIMAL

Estaba cómodamente sentado en el sofá de mi casa, repasando el artículo de esta semana, cuando me asaltaron desde la televisión unas imágenes escalofriantes que me revolvieron las tripas y el alma. En ellas, un ser incalificable –vulgarmente, un hijo de la gran puta- golpeaba brutalmente a su perro hasta causarle la muerte. Primero lo golpeaba con una vara de plástico, y, posteriormente, con palos de madera cada vez más gruesos. El perro, bajo aquella lluvia infernal de bastonazos, gemía, se retorcía, lloraba y agonizaba dolorosamente, mientras el verdadero hijo de perra se iba calentando y aumentaba con ira la dureza de los golpes.

Yo no sabría definir propiamente lo que es un ser humano, pero estoy seguro de que aquel ser que vi por televisión golpeando a su perro, no lo era. Seguramente, sus cualidades son menos humanas que las del propio perro que martirizó hasta matarlo. Yo no sé lo que puede pasar por la cabeza de alguien que mata a un perro, que oye sus gemidos y sus lamentos –yo aún los tengo clavados en la memoria-, que ve y que huele la sangre fresca del animal manando de sus heridas mientras lo va golpeando sin piedad hasta causarle la muerte. Yo no sé cómo una persona que comete ese acto tan deplorable puede dormir plácidamente por las noches, cómo puede mirarse al espejo y no vomitar de asco. Yo no lo sé, pero lo que sí que sé es que lo que vi por televisión, no era un ser humano. Tal vez, estamos muy confundidos con esa idea tan idílica de que todos los seres humanos somos iguales. Realmente, día a día podemos comprobar cómo el ser humano es, de entre todos, el animal más peligroso para el planeta, para el resto de animales y, lo que es más aterrador, para sus propios semejantes.

Tal vez, ante la ausencia de una buena definición, sería importante señalar una serie de características para saber si una persona merece ese calificativo o simplemente el de bestia salvaje. Un ser humano, al contrario que la bestia inmunda, siente compasión por el sufrimiento ajeno, sea el de otro semejante o sea el de un animal que ha compartido con nosotros parte de nuestra vida. El dolor de aquellos a quienes queremos, nos causa dolor. Esta serie de individuos incalificables, estoy seguro, son incapaces de amar. Pero lo que resulta aún más incomprensible es que una persona pueda llegar a disfrutar con el tormento que sufre otra persona. O un perro, o un gato o cualquier otro animal. Creo, sinceramente, que quien es capaz de matar a un perro, mirando sus ojos de dolor y de sufrimiento, es capaz de matar a cualquiera. Desde esa perspectiva, y desde la indignación que provocan las imágenes, nada nos hace pensar que esta persona no mereciera así mismo ser golpeado hasta sufrir un dolor insoportable. O, al menos, ser encerrado en una jaula con una jauría de perros hambrientos para que llegara a conocer en carne propia lo que duelen las dentelladas y los bastonazos.

Dicen que a lo largo de un año, más de cien mil mascotas son abandonadas en España. Cuando alguien es capaz de abandonar a su propio abuelo en una gasolinera, qué no será capaz de hacer con un gato o un perro. Todos aquellos que hemos podido disfrutar de la compañía de un animal, que le hemos dado cariño y hemos recibido su cariño, que hemos dormido con ellos y que hemos sufrido en su muerte, no podemos entender a aquellos individuos que son capaces de abandonar, torturar o matar a un animal de compañía. No somos capaces de entender, y sentimos indignación y rabia ante este tipo de casos. Muchos de nosotros pensamos que todas estas personas son potencialmente peligrosas y negativas para la sociedad, y que sus actos deberían ser sancionados con la misma piedad que ellos tuvieron cuando mataron a sus animales. Ni más ni menos.

21. PASARELA BORREGOS

Tras la controvertida decisión de los organizadores de la Pasarela Cibeles de pesar y medir a todas las modelos, muchos han sido los comentarios que hemos tenido que escuchar. De entre todos ellos, los que más me llamaron la atención fueron los de varias modelos y varios diseñadores que señalaban sin ruborizarse que "las modelos, de toda la vida, habían sido altas y delgadas". Toma castaña. Estos tipos no sólo nos dicen que, en la actualidad, las modelos de belleza —establecido además por ellos mismos— tienen que ser altas y delgadas, sino que "de toda la vida", el prototipo de belleza femenina ha sido el de una mujer con esas características. Pues va a ser que no. Es prácticamente cierto que la moda ha existido desde el principio de los tiempos. Pero el modelo de mujer no ha permanecido invariable. Sin ir más lejos, hasta los años 90 se llevaba la modelo con curvas. Fue en esa década cuando el diseñador norteamericano **Calvin Klein** rompió los moldes al presentar a su nueva musa, la modelo **Kate Moss**, que medía tan sólo un metro y sesenta y ocho centímetros de altura, y presentaba un aspecto andrógino sin una sola curva ni por delante, ni por detrás, ni por los lados. Así que, sabiendo esto, resulta del todo inaceptable que entendidos en la materia nos intenten engañar con tanto descaro. O a lo mejor, es que en realidad no tienen ni idea de moda, porque, al fin y al cabo, qué es una modelo sino una mujer que cobra un pastón por pasearse y lucir un cuerpo que en parte es mérito de su genética. Sin embargo, hay que reconocer que el mundo de la moda es realmente fascinante. Existen minifaldas, pantalones largos, cortos, de pata de elefante, de pitillo, blusas con escote, sin escote, con lazos, sin ellos, etc. Por otro lado, uno puede llevar el pelo largo, corto, teñido, rapado, con mechas, con tirabuzones, tintado, y un sin fin de formas más. En definitiva, hoy por hoy, existe una variedad estética infinita para elegir. O eso nos creemos. Porque la moda, al margen de ser un arte, es un negocio. Y un negocio muy rentable, para qué mentir. Por eso, los diseñadores y demás familia renuevan sus modelos y su estética continuamente, no porque tal producto esté caduco, sino para que los conejillos de indias –que somos nosotros- sintamos la necesidad imperiosa de cambiar nuestra ropa y nuestra imagen interminablemente por otra más novedosa. Es lo que se conoce como "neofilia", un término que los empresarios conocen muy bien. Por tanto, no somos nosotros los que sentimos la necesidad innata de comprar ropa de entretiempo –que aún no sé muy bien lo qué es-, sino que las propias empresas de publicidad nos generan dicha necesidad. Así que, puestos a ser sinceros, no somos nosotros los que, al fin, elegimos; son ellos los que nos eligen.

El problema de todo esto es que la sociedad en la que vivimos, que está carente de necesidades reales, ha hecho de la moda una nueva religión. Cuando paseamos por la calle o nos acercamos a una universidad, podemos comprobar como la mayoría de los adolescentes –que son el mejor mercado- parecen seres clonados. Que ahora se lleva el flequillo tipo "soy rebelde", pues todas a cambiarse el pelo como locas. Que en los chicos se lleva un lateral de la camisa por fuera del pantalón, pues todos a ello como borregos. Que se llevan las mujeres sin curvas, pues todas a comer ensaladas de lechuga. Que se llevan los tipos musculosos, pues todos al gimnasio a machacarse las carnes. Y todos aquellos que no llevan marcas en sus prendas, o que llevan su pelo de toda la vida, pues a ser la mofa del respetable. Todos queremos ser el modelo estético, aunque como personas seamos despreciables. Y es que, en realidad, el problema no está en la moda, está en nosotros, que somos unos completos gilipollas. Aunque eso sí; unos gilipollas de lo más "glamuroso".

22. SESENTA Y DOS ILUSIONES ROTAS

Muchas veces, los seres humanos nos sentimos incompletos cuando estamos solos, cuando no está a nuestro lado la persona a la que amamos. Muchas veces, necesitamos a alguien que nos comprenda, que nos haga felices, que sepa lo que pensamos o lo que sentimos con sólo mirarnos, que nos impida caer o que nos ayude a levantarnos si caemos, que sea la mitad que nos falta. O mejor dicho, que nos haga sentir que ambos somos la misma persona. Incluso el mismo corazón y el mismo latido. El amor es complejo, y muy pocas veces encontramos a esa persona por la que estaríamos dispuestos a darlo o a dejarlo todo. Cuando eso sucede, lo único que tenemos seguro es que queremos compartir con esa persona el resto de nuestra vida. Beatriz, Isaura, Vanesa, Alejandra, Pilar, Begoña, Idioia, Pamela y el resto de las sesenta y dos mujeres asesinadas a lo largo de este año a manos de sus parejas, albergaron estos sentimientos cuando se enamoraron de quienes luego fueron sus asesinos. Comenzaron su vida en pareja con esa maravillosa ilusión que nos produce el amor. Pero todo el amor, todas las esperanzas, todas las ilusiones, todas las caricias, todos los besos, todas las risas se rompieron en pedazos cuando recibieron el primer puñetazo en la cara. En vez de encontrar la paz en sus hogares, encontraron el infierno; los guantazos, las patadas, los insultos y, al final, la muerte. Sus corazones nunca latieron juntos; los de ellas se fueron apagando a medida que los de ellos aumentaban. Tal vez todo esto tenga que ver con la degeneración que sufre el hombre. No el hombre en general, sino el hombre en masculino. A pesar de la mejora de nuestra educación y de nuestra cultura, los hombres cada día somos más machistas y más violentos, lo cual implica que cada día somos menos educados y más incultos. No es cierto, a pesar de los enternecedores eslóganes que estamos acostumbrados a oír, que hombres y mujeres seamos iguales; la violencia física y sexual es patrimonio de los hombres. No respetamos a las mujeres porque, sencillamente, no consideramos a las mujeres como iguales; unas veces son inferiores en el terreno intelectual, o en el terreno emocional, o en el terreno laboral. Otras, sencillamente, son un mero objeto sexual. Pero siempre, a disposición del poder y la superioridad del hombre. Cuando aún no ha terminado el año 2006, ya hemos igualado la cifra de mujeres fallecidas a manos de sus parejas a las del año pasado. Dicen que la ley de violencia de género ha fallado, pero, en realidad, los que fallamos somos nosotros. No sería necesaria una ley de violencia de género si los seres humanos fuésemos seres humanos y no las bestias despreciables que somos. Lo que falla es nuestro corazón. Muchas veces me he preguntado cuánto vale la vida de una persona; cuánto valen sus sueños, sus ilusiones, sus esperanzas, sus sonrisas, sus besos. Cuánto valen las ilusiones o los sueños de Beatriz, Isaura, Vanesa, Alejandra, Pilar, Begoña, Idioia, Pamela y el resto de las sesenta y dos mujeres asesinadas a lo largo de este año a manos de sus parejas. Es evidente que no se puede medir. Por ello, cuando alguien siega la vida de otra persona, se calcula en años de cárcel. Pero, ¿cuántos años de cárcel valen los sueños, los besos y las esperanzas de Beatriz, Isaura, Vanesa, Alejandra, Pilar, Begoña, Idioia, Pamela? Sean los que sean, nadie ni nada podrá hacerlas sonreír de nuevo, ni podrá hacerles sentir de nuevo el roce de unos labios al besar, ni la cálida brisa de un hermoso día de primavera. Cuando Beatriz, Isaura, Vanesa, Alejandra, Pilar, Begoña, Idioia o Pamela se enamoraron, entregaron su corazón a la persona a la que amaban para que ambos corazones latiesen juntos y fuesen sólo uno. Lo legítimo sería que ahora sus asesinos fueran privados de ese corazón que no supieron cuidar, de ese corazón que, sin duda, no merecen.

23. LA NAVICIDA DE MIJAS

Según me han contado, la directora de un instituto de Mijas, en un ataque de cólera incontrolable, cogió un belén realizado por los alumnos y lo tiró –con su pastorcillo cagón y todo- al cubo de la basura. Toma castaña. Al parecer, la presunta "navicida" –por esto de cargarse la Navidad- alegó que este tipo de actividades no pueden tolerarse en un centro público donde conviven alumnos de diferentes religiones que podrían sentirse ofendidos. Además, señaló, en una escuela pública de un país laico no están permitidos los símbolos religiosos.

Yo no sé si esta mujer sufre alguna alteración mental grave o transitoria, pero de lo que estoy seguro es de que no tiene mucha idea de lo habla. La convivencia de alumnos de diferentes religiones en un centro educativo es, precisamente, eso; convivencia. Cargarse un belén porque a una le salga de las bolas –de las bolas de Navidad, quiero decir- es un acto radical de una persona que parece no estar en su sano juicio, y que, sin duda, está incapacitada para dirigir un centro escolar. Si algún miembro de otra religión o cualquier otro ser terrenal o extraterrestre se siente ofendido –como ella alega- por la presencia de un belén en la escuela, lo que debe hacer es marcharse de ese centro público y matricularse en otro donde todos sus miembros sean igualitos a él, para que nada ni nadie le ofenda. Porque la aceptación de la multiculturalidad conlleva estas pequeñas cosas; aceptar que unos celebren el Ramadán –con velo incluido-; aceptar que otros celebren la Hanuka –con su Kipá incluido-; y aceptar que otros celebren la Navidad –con su gorro rojo de luces intermitentes incluido-. Además, por otro lado, esto aún sigue siendo España -aunque quizá un poco menos-, y la celebración de las fiestas navideñas tiene un origen religioso que se ha transformado en una festividad popular. Incluso en estas fechas tan, tan religiosas –como dice esta mujer-, hemos aceptado la existencia de personajes inmigrantes con barriga cervecera y renos, como es ese Papá Noel que tan poco tenía que ver con nosotros hace diez años. Así que, el belén, el árbol de Navidad, Papá Noel y toda la pesca, no son más que una parte de la tradición popular española, y no sólo un acontecimiento religioso celebrado por los católicos. No estamos hablando de decorar las clases con la Virgen Dolorosa y el Cristo yacente, sino de continuar con un ritual que a unos les gustará más y a otros menos, pero que forma parte de nuestra cultura. Y, sobre todo, de muchos de los mejores momentos y de los mejores recuerdos de nuestra infancia. Por lo menos de la mía.

De todos es conocida mi poca admiración por las religiones, y no por las religiones en sí, sino por la cantidad de radicales que se justifican en ellas para cometer actos despreciables. Estos, son los que siempre nos meten en problemas con sus absurdas interpretaciones de las palabras de su Dios particular. Ahora, por desgracia, se han unido a ellos los "laicos" radicales, esos a los que sólo les ofende la religión católica, pero que son capaces de defender cualquier barbaridad de otras religiones con tal de parecer unos "progres" ante el mundo entero, pero que, en realidad, parecen una pandilla de memos frustrados porque los Reyes Magos les dejaron carbón cuando eran pequeños. A todos ellos son a los que había que tirar a la basura, por radicales, por intransigentes, por violentos y por tocarnos siempre las bolas –las bolas de Navidad, quiero decir-.

24. OPERAR Y LISTO

Al fin, coincidiendo precisamente con la elección de Miss y Míster España, ha llegado a las pantallas de nuestra querida televisión el programa que todos estábamos esperando; "Cambio Radical". Este programa, de corte puramente americano, consiste en que varias personas con ciertos defectos físicos se disponen a cambiar radicalmente de imagen gracias a operaciones de cirugía estética. Eso sí, a cambio de que sus experiencias en el quirófano y su privacidad sean expuesta públicamente para el deleite del resto de los mortales. Narices grandes, ojos pequeños, labios finos, cartucheras, dientes no alineados, tetas caídas, pechos demasiado pequeños, pechos demasiado grandes, culos planos; un sinfín de malformaciones invadirán de domingo a domingo nuestras pantallas de televisión alegremente.

No seré yo quien critique las operaciones de cirugía estética para mejorar el aspecto físico. Es innegable que este tipo de defectos puede traumatizar hasta al tipo más positivo del mundo. Y como no queremos que nuestra sociedad esté llena de acomplejados, lo mejor es operar y listo. Hace años, operarse así por gusto quizá pudiera parecer una frivolidad, pero hoy en día la cirugía estética es algo tan habitual que ya nadie puede asegurar a ciencia cierta cuándo una teta es de verdad o de mentira. Es tan habitual, que ya apenas se nos eriza el pelo cuando nos enteramos de que muchos adolescentes, sobre todo féminas, piden a sus padres como regalo de sus buenas notas una operación de cirugía estética. Algo de lo más normal. Y es que el físico es tan, tan, pero que tan importante en nuestra vida que a ver quién es el guapo que se atreve a pasear por la calle con su nariz aguileña de herencia familiar. Vaya imbécil. De todos modos, ¿cuántos de nosotros no tenemos algunos de esos pequeños defectillos? Y es que nadie es perfecto. Ni siquiera, aunque podamos pensar lo contrario, después de operado.

A lo largo de un día, nos cruzamos por la calle con tipos guapos, feos, gordos, flacos, altos, bajos, dentones, cejijuntos, orejones, celulíticos, etc. Muchas de estas personas se sienten acomplejados por su aspecto físico, aunque ese defecto pueda resultar a todas luces completamente insignificante. Resulta curioso que luego hablemos de libertad tan alegremente. A falta de verdaderas esclavitudes, nuestra ociosa y hedonista sociedad ha decidido libremente esclavizarse con la estética. Curioso. Pero, cuando vamos por la calle, también nos encontramos con conductores malhablados, con funcionarios analfabetos potenciales, con universitarios que copian en los exámenes, con obreros soeces, con ciudadanos que nunca han leído un libro, con mentirosos, con maltratadores, con cotillas y con gente llena de prejuicios y de incultura. Muchos de ellos, llenos de *botox* hasta las cejas. Seguro. Sin embargo, todavía no he visto a nadie reclamando clínicas de cirugía mental para ser mejores. Y es que eso de cultivarse por dentro duele más que mil rinoplastias juntas.

En fin, que vivimos en una sociedad triste, en una sociedad que se muere de pura intrascendencia de tan ociosa y engreída.

25. EL DÍA DEL TRABAJADOR

Esta semana se ha celebrado en nuestro país el Día Internacional del Trabajo. Y digo "se ha celebrado" porque, en estos tiempos que corren, tener un trabajo supone ya de por sí una auténtica celebración. Y es que el trabajo, a parte de sus magníficas cualidades físicas y espirituales, es el único medio para alcanzar un nivel de vida, como mínimo, digno. O para eso, al menos, debería servir, porque –según todos los datos- existen multitud de trabajos que, debido a su baja remuneración, más que para vivir dan escasamente para sobrevivir.

Hay cosas que uno no acaba de entender. Posiblemente se deba a mi ignorancia o a mi penoso desconocimiento sobre macroeconomía. Qué le vamos a hacer. Pero, aún así, hay cosas que no cuadran. Según el Banco Mundial de China y otros organismos internacionales, España es el octavo país más rico del mundo. Un dato que no deja de dar escalofríos. En cambio, según distintos informes, el salario real de los españoles -el que descuenta el efecto del incremento de los precios- es el mismo que en 1997, sobre unos 1550 euros mensuales. Este dato, si me apuran, acongoja incluso más que el anterior. Esto quiere decir que, aunque algunos sueldos hayan mejorado, el impacto de los precios sobre los salarios lo han convertido en lo comido por lo servido. Nada de nada. Y es que, en realidad, el aumento de los salarios no es tan importante como la contención de los precios de los productos de primera, segunda y tercera necesidad. Y mientras en los sueldos España no converge con Europa ni a tiros, en cuanto al precio de los productos estamos en plena sintonía.

Otra cosa que no se acaba de entender muy bien es que, mientras las grandes empresas y multinacionales españolas obtienen anualmente beneficios entre un diez y un treinta por ciento más que el ejercicio anterior, sus plantillas estén atestadas de trabajadores "mileuristas" que sobreviven milagrosamente gracias a haber hipotecado hasta la médula. Aunque así, sí se entiende que, en cifras macroeconómicas, España esté entre los países más ricos del mundo. Del mismo modo, tampoco se entiende que el Estado y las Comunidades Autónomas aboguen continuamente por el trabajo estable mientras, entre sus plantillas, tienen a miles de becarios e interinos a los que a duras penas se les reconocen sus derechos.

Parece evidente que el mundo económico está repleto de paradojas. La riqueza de nuestro país, a priori, no parece coincidir con el poder adquisitivo de sus ciudadanos, lo cual nos haría dudar de que, en realidad, seamos tan ricos como parecemos. De hecho, diarios tan prestigiosos como "The Economist" o "Financial Times" advierten, no sólo de una burbuja inmobiliaria en España, sino de una burbuja económica, ya que nuestra riqueza, según sus análisis, difiere mucho de la verdadera productividad de nuestro país, que es más bien de las más bajas de Europa.

Pero, en fin. A pesar de todo, nosotros celebramos el Día Internacional del Trabajo. Eso sí, sin hacer mucho ruido. Porque aquí, a diferencia de Francia, Inglaterra o Alemania, siempre hemos sido más fiesteros que reivindicativos, y antes que salir a la calle para pedir un empleo estable o una vivienda digna preferimos montarla para defender nuestro absurdo derecho al "botelleo". Una lástima.

26. LA POLÍTICA DE PROMETER

Históricamente, en los tiempos primitivos, el juramento no tenía razón de ser, debido a la sencillez y cordialidad que existía entre los hombres y mujeres que convivían en la tribu. El juramento, como acto público, nació el mismo día en que los hombres comenzaron a engañarse. Para dar crédito a una afirmación o a una promesa, se hacía necesario, en ciertas ocasiones, jurar por algo o por alguien que se consideraba sagrado, ya que no valía tan sólo con la palabra. Esta es, en líneas generales, la gran diferencia entre el juramento y la promesa; mientras que la primera comporta una deuda moral en caso de no ser satisfecha la promesa o cierta la afirmación, la segunda puede diluirse hasta el infinito en el transcurrir de los tiempos. Tal vez por eso, los políticos no tienen ningún problema en prometer y prometer y prometer; pero ninguno de ellos tiene la valentía suficiente para jurar frente a lo más sagrado para ellos.

Durante estas dos semanas que nos esperan hasta que se celebren las votaciones de las próximas elecciones autonómicas y municipales, escucharemos a todos los candidatos y candidatas prometer esto y aquello. Es la fórmula mágica que utilizan para encandilar a los ciudadanos. Las campañas electorales se convierten, de este modo, en un gran mercadillo donde se venden promesas, esperanzas y, en la mayoría de los casos, humo, mucho humo. Todo adopta tal cariz de falsedad durante estos días que, incluso, en los carteles publicitarios, los políticos aparecen más sonrientes y más rejuvenecidos de lo que en realidad son, como si con ello consiguiesen hacerse más creíbles. Y para que parezca que son como el resto de ciudadanos, no dudarán en vestirse con los trajes típicos regionales o participar en todas las fiestas populares de su comunidad, mostrando su cara más amable mientras estrechan manos y besan niños. Algo que, a partir de que tomen el poder, no volverán a repetir hasta las elecciones siguientes.

Pero las campañas electorales no son sólo un gran mercadillo de esperanzas. Son, además, un periodo de libertad dialéctica en la que se dejan aparcadas las mínimas normas de respeto y se permite entrar a degüello contra el rival. Los insultos, las acusaciones, incluso las noticias falsas sobre la salud de los candidatos o la mutilación de carteles de los partidos contrarios se convierten en algo habitual. Habrá incluso quienes, demostrando su talante más democrático, quemarán sedes de otros partidos o boicotearán los mítines de los demás rivales. Todo con tal de conseguir desvirtuar a los contrincantes a cualquier precio.

Como sucede con los juramentos o con las promesas, que con el tiempo han ido perdiendo su esencia y validez, la política que sufrimos hoy en día y los políticos que soportamos hoy en día se han desvirtuado hasta límites insospechados. La imagen pública que ofrecen a los ciudadanos es sencillamente demencial. La política del navajeo y la falta de escrúpulos y de una buena dialéctica será, como en otras ocasiones, la característica principal de esta campaña electoral. En eso, unos y otros andan a la par. Habrá que estar atento a la abstención para conocer hasta qué punto el ciudadano medio está ya desengañado de esta manera de hacer política. O hasta qué punto estamos satisfechos con lo que tenemos. O con lo que merecemos, que es lo mismo.

27. LA EXTINCIÓN DEL HOMBRE

Escribía Claude Lévi-Strauss en su admirable "Tristes Trópicos" que "el mundo comenzó sin el ser humano y terminará sin él". Y la verdad es que, para cumplirlo, estamos en el buen camino. Con motivo de la celebración el pasado martes del Día Internacional de la Biodiversidad, pudimos conocer que cada hora desaparecen tres especies en el mundo; cada día, más de 150 especies se pierden; y cada año, entre 18.000 y 55.000 especies se convierten en extintas. Es cierto que la extinción es algo inherente a la evolución. Lo que ocurre es que el ritmo actual de pérdida de biodiversidad es de cien a mil veces mayor que el que ocasionaría los procesos naturales de extinción de animales y plantas. La Lista Roja de la Unión Internacional para la Conservación de la Naturaleza sobre especies amenazadas de 2006 determina que de las 40.177 especies evaluadas en el mundo, 16.119 se consideran en alguna de las cuatro fases de peligro. Ello supone que están amenazadas el 12% de las especies de aves, el 23% de mamíferos, el 52% de insectos, el 32% de anfibios, el 51% de reptiles, el 25% de coníferas y el 20% de tiburones y rayas. Y todo esto, señoras y señores, gracias única y exclusivamente a la intervención del hombre.

Puede que pensemos que no pasa nada porque mueran un par de bichitos cada año. Pero la degradación progresiva de los ecosistemas tendrá consecuencias desastrosas para la humanidad en los próximos 50 años. Pero, por si esto no fuera suficiente, basta con saber que la concentración de dióxido de carbono en la atmósfera del planeta se encuentra en un nivel nunca visto desde hace 650.000 años, que la caída de niveles de los grandes lagos ronda el 30%, que los polos están desapareciendo vertiginosamente y que la selva amazónica –pulmón del mundo- es ahora un quinto del pulmón que era. Así que, dentro de unos veinte años, no nos quedará más remedio que respirar con mascarilla, como el genial Michael Jackson.

Pero la peor de todas las extinciones es la de la propia sociedad. Dice sobre este aspecto Lévi-Strauss que "sus instituciones y sus costumbres son simplemente una eflorescencia pasajera". Y es cierto; sólo basta comprobar los nuevos valores de las sociedades "civilizadas" para darse cuenta de hasta qué punto la familia, la educación, la verdadera amistad, el verdadero amor o el comportamiento cívico han desaparecido por completo. Sólo hay que caminar por una calle para comprobar, como decía Noé, que "estamos rodeados de animales" que sólo piensan -si es que lo hacen- en la estética del cuerpo frente a la estética de la moral; en el dinero frente a la honradez; en el sexo frente a la sensualidad; en el pan para hoy y el hambre para mañana; en el cotilleo enfermizo frente a la lealtad incondicional; en el consumir sin regenerar.

Dice mi querido Leonardo Boff que "cada mañana nos levantamos, vamos al trabajo, luchamos por la vida y por un mundo en el que sea menos difícil amar". Lo que sucede es que eso, querido Leonardo, ya sólo lo hace una minoría. Una minoría que, para no variar, también está en peligro de extinción; una minoría que día a día reconstruye con amor lo que otros destruyen con violencia. Y será esa misma minoría la que, como siempre, hará que el mundo –a pesar del ser humano- siga girando.

28. HACIA UNA NUEVA ESCUELA

Hace unos días, paseando por la calle, escuché una conversación que me resultó muy curiosa. Una pareja caminaba con sus dos hijos de unos cuatro y seis años cuando se encontró de frente con un amigo. Tras saludarse efusivamente y recordar viejos tiempos, el hombre miró a los niños y les dijo sonriente; "¿Qué? Ya se acaban las vacaciones…", y, luego, mirando para los padres, sentenció "y ahora empiezan para vosotros". Todos rieron y ahí terminó la cosa.

Aunque no deja de ser un comentario gracioso en una conversación informal, también es cierto que se trata de un comentario excesivamente común. Según recogían los informativos de principios de septiembre, una de las principales preocupaciones de los padres de hoy en día es poder conciliar la vida laboral con la vida familiar. El principal problema para ello radica en que, mientras muchos padres sólo tienen de vacaciones el mes de julio o de agosto, los niños tienen los dos meses. Y, para mayor ofensa, no comienzan las clases hasta mediados de septiembre. Una gran tragedia, sin duda. Para concienciar de la importancia de terminar las clases más tarde y comenzarlas cuanto antes, muchos tertulianos señalaban —de manera totalmente tendenciosa- que España es uno de los países con más vacaciones de verano de toda Europa. Y digo tendenciosa porque, en cuanto a vacaciones totales a lo largo del año, España está en la media Europea, cosa que no sucede, por ejemplo, con los sueldos a maestros o con la inversión en educación. Pero al padre común español, estas pequeñas cosas mundanas no le interesan lo más mínimo, porque la realidad es que los niños —y los profesores- tienen demasiadas vacaciones. Por eso, lo importante no es que los niños de hoy en día estén más desmotivados que nunca, que sean más violentos que nunca, que sean más maleducados que nunca o que tengan el peor nivel de la historia de este país y de toda Europa; lo importante es que las clases comiencen cuanto antes, por eso de conciliar la vida familiar con la laboral. O lo que es lo mismo en muchos casos, para que los niños dejen de dar el coñazo a sus padres para dárselo a los profesores, que para eso cobran.

Sin intención de ser agorero, todos los movimientos que se suceden alrededor de la educación nos indican que nos dirigimos hacia un nuevo modelo de escuela; una escuela asistencial que compense las carecías familiares de los niños; desde la educación en valores —que antiguamente se daba en las casas- hasta el cuidado último del niño, pasando por los hábitos de alimentación. Qué duda cabe que sería beneficioso que todos los padres pudiesen conciliar la vida laboral con la vida familiar —aunque también sería beneficioso que existiese más vida familiar-. Pero lo que es un auténtico despropósito es verter sobre la escuela la responsabilidad de solucionar todos los problemas sociales del país, desde la inmigración hasta la desestructuración familiar tan común en nuestros días. De este modo, la educación en contenidos —que es a lo que deberían dedicarse los profesores- queda relegada a un tristísimo segundo o tercer plano.

Sea como fuere, terminan las vacaciones de los niños y profesores, y comienzan las vacaciones de los padres. Volveremos, pues, a la rutina de la televisión, de la Play y de las actividades extraescolares. Así, poco a poco, muchos padres podrán descansar de sus hijos, dejando de compartir tiempo, ocio y palabras, hasta que, al final, resulten para ellos unos completos y absolutos desconocidos.

29. LA DEUDA HISTÓRICA

El abuelo de Ana era un fiel servidor de la Falange Española. No tenía grandes cometidos dentro del partido, pero su fidelidad le hizo merecedor de muchos afectos y algunos cargos de poca responsabilidad. En los comienzos de la dictadura franquista, y gracias a un chivatazo anónimo, la Guardia Civil detuvo a un antiguo enemigo personal suyo que pertenecía a los conocidos "maquis". El propio abuelo de Ana fue el encargado de pasearlo esposado en una motocicleta a las tres de la madrugada por toda la ciudad -antes de ser ejecutado- con un cartel colgado del cuello en el que podía leerse "traidor".

El abuelo de Javi era un conocido sindicalista. Sus compañeros le admiraban y profesaban respeto. Cuando estalló la Guerra Civil, el abuelo de Javier tomó el fusil para defender sus ideales y luchar en el Bando Republicano. Terminada la guerra, se echó al monte, liderando un grupo de "maquis". Unos meses después, cuando se encontraba escondido en su casa durante una vista furtiva a su mujer y a sus hijos, fue sorprendido y detenido inmediatamente. Esa misma noche, fue paseado en una motocicleta a las tres de la madrugada por todo el pueblo. Curiosamente, muchos años después -y sin conocer aún aquella historia- Ana y Javier se casaron.

Esta es una de las miles de historias familiares extrañas, entrañables, crueles, humanas, inhumanas, atroces, que nos ha dejado la Guerra Civil española. Qué duda cabe que hablar de la Guerra Civil aún duele. Duele porque todavía siguen vivas personas que han sufrido aquella época. Y porque en muchos pueblos, hijos y nietos —de una manera indirecta- la han padecido o la siguen padeciendo.

En una guerra civil todo el mundo pierde. Puede que exista un bando vencedor, pero, en definitiva, todo el mundo pierde algo; familiares, posesiones, humanidad. Lo que sucede a partir de ahí no deja de ser una consecuencia brutal de una situación brutal; la violencia física, moral y política de los vencedores sobre los vencidos. La dictadura de Franco supuso para muchos una considerable mejora en su perspectiva profesional y económica. Y para otros muchos, un auténtico infierno. Sea como fuere, una dictadura siempre es ilegítima e inmoral. La Ley de Memoria Histórica –ley de extensión de derechos a los afectados por la Guerra Civil y la Dictadura- pretende buscar el reconocimiento de las víctimas de ambos bandos, de las víctimas de la dictadura y la apertura de fosas comunes en las que aún yacen los restos de represaliados en la Guerra Civil. Puede que todavía no estemos preparados, como señalan algunos, para reabrir esta etapa vergonzosa de nuestra historia, pero quizá se hace necesaria la rehabilitación moral y jurídica en vida de los afectados por una situación indigna, tanto de un bando como de otro.

En una guerra civil, posiblemente, no hay buenos ni malos. En una dictadura, en cambio, sí. En nuestra guerra, existen relatos de acciones atroces por ambos bandos. Lógicamente, los vencedores siempre cometen más, ya que a posteriori ejercen su brutal poder. Pero en una guerra civil, supongo, no hay buenos ni malos; todo es malo. Porque la culpa de tan fatal desenlace no es, al fin y al cabo, de las ideas, sino de las personas que se dejan arrastrar por el extremismo de esas ideas. Y, extrañamente, el ser humano es el único animal que está dispuesto a matar o morir por unos ideales; el único animal dispuesto a matar a un semejante por puro placer. Algo para olvidar. O quizá, algo que hay que recordar para que nunca se repita.

30. TODO LO QUE DETESTO

Norman Mailer, el prestigioso escritor estadounidense fallecido este mes de noviembre, decía en una de sus maravillosas entrevistas; *"creo que he ejercido cierta influencia en la conciencia de nuestro tiempo, pero no la he cambiado. Todo ha ido a peor. Todo lo que detesto ha empeorado. La arquitectura de los rascacielos, el plástico, los coches han prosperado"*.

Es cierto. Vivimos en un mundo extraño. Prosperan los coches, los rascacielos, el plástico, la tecnología. Las sociedades desarrolladas hemos llegado a un grado de progreso tecnológico tal que, de tan vertiginoso, apenas tenemos tiempo a asimilarlo. Con solo pulsar un botón, recibimos imágenes de satélite de cualquier parte del mundo por Internet, el GPS de nuestro coche nos lleva al lugar más recóndito que podamos imaginar, cualquier programa televisivo de cualquier parte de la Tierra está a nuestro alcance a través de nuestro mando a distancia. Las agendas ya son electrónicas; tenemos cibernovios y sexo virtual, las mascotas se robotizan. Sin embargo, todo este desarrollo tecnológico de los rascacielos, los coches, las telecomunicaciones parece no haber ido acompañado de un desarrollo cultural ni moral paralelo. En ese sentido, tenemos tecnología del siglo XXI en manos de sociedades del siglo XV; aumenta la violencia, aumenta el racismo, el extremismo, el machismo, el radicalismo, la estupidez.

Al fin, parece que toda la tecnología de la que disponemos ha venido a desplazar el contacto físico, el contacto espiritual –por decirlo de alguna forma- entre las personas. La tecnología, al ofrecernos en casa todo aquello que podamos desear, ha terminado por hacernos estar más solos. Nos relacionamos con el mundo a través de una pantalla de ordenador, de un videojuego, de un teléfono móvil, pero apenas nos comunicamos a través de las miradas, de las palabras, de las caricias. Incluso da la sensación de que el objeto ha venido a sustituir al objetivo; el teléfono móvil, por ejemplo, tiene valor por su estética o por sus increíbles funciones técnicas. Sin embargo, el fin último, la comunicación con el otro, ha pasado a un segundo plano.

Vivimos en mitad de rascacielos, y creamos parques y jardines artificiales para que tengamos la sensación de que aún es posible vivir en medio de la naturaleza. Pero no tenemos tiempo para oler una flor o para contemplar una ardilla subiendo por el tronco de un árbol. Porque, al fin, todo este desarrollo ha hecho que vivamos con el reloj pegado a la espalda, a los pulmones, al latido mismo del corazón.

No sé si todos estos avances, todas estas mejoras tecnológicas introducidas en nuestras vidas nos han hecho, al final, más felices. Desde luego, no nos ha hecho mejores. Jugamos a los bolos a través de la pantalla del televisor, enviamos "sms" en lugar de cartas, decimos "te quiero" por Messenger, acariciamos a nuestro perro metálico. Sea como fuere, avanzamos y avanzamos. Y el GPS de nuestro coche nos lleva a cualquier lugar que nosotros deseemos. Aunque no estoy muy seguro de que, en realidad, sepamos muy bien a dónde queremos ir.

31. OYE, EPI

Si usted se ha levantado alguna vez con una mala leche incontrolable, o sufre una adicción enfermiza al chocolate, o fuma como un energúmeno, o es usted un gay viciosillo, o está más salido que un pico esquina, no se apure, lo suyo tiene una explicación: usted ha visto demasiado Barrio Sésamo. Tal como lo oye.

A simple vista, Barrio Sésamo parece una serie totalmente blanca, con un contenido gracioso y divertido, apto para todos los públicos. Sin embargo, no debe usted dejarse engañar por las carillas inocentes de esos diabólicos muñequitos de trapo; detrás de Barrio Sésamo se esconden más embustes y más hipocresía que en las propias campañas de la DGT. En realidad, la maravillosa relación que existe entre **Epi** y **Blas** -tan dulce, tan amistosa- enmascara una "asquerosa y repugnante" relación entre homosexuales —eso dicen-. Por eso, si usted o sus hijos son homosexuales, sepa que se debe a haber visto esta serie y a ninguna otra razón. Y qué decir de Triki; ese vomitivo ser no es más que un monstruo infernal que incita a los niños a fumar y a comer galletas y bollería industrial como cerdos. La gallina Caponata, por su lado, con ese aire bohemio, no es más que el reflejo de un ser que va fumado todo el día, por lo que incita abiertamente al uso y abuso de drogas y estupefacientes. Al menos, eso dicen.

Gracias a Dios, algunos psicólogos de mercadillo y gobernantes con una neurona rebotando ociosa en su cerebro se han dado cuenta de la maldad de Barrio Sésamo —la causa de los grandes males del mundo-, y han decidido que los DVD de la serie salgan al mercado con una calificación de "contenido sólo para adultos", como si de una película porno se tratase. Incluso dicen que en poco tiempo veremos los rostros de Epi, Blas, Coco, Triki, el conde Draco, la gallina Caponata y Don Pimpón en las listas de los más buscados por el FBI, por encima incluso de Bin Laden.

Sin embargo, esto no va a quedar así, porque los imbéciles son nación y cada día escalan más puestos dentro de las administraciones públicas y privadas. Por eso, dentro de poco se pondrá como "sólo para adultos" la serie de Heidi por enseñar las bragas como una guarra; a la Bella y la Bestia por incitar a la zoofilia; a la Sirenita por ser una mutación asquerosa producto de la investigación con células madre, a Pocahontas por estimular el tráfico sexual; a Cars por estimular el uso incivilizado de los vehículos; a Marco por sufrir el complejo de Edipo y a Pipi Calzaslargas por estar más esquelética que la propia Kate Moss. Y es que el enfermo es aquel que ve como malo algo que nadie más puede ver.

Yo, que me crié con Barrio Sésamo y con **Gabi**, **Fofo**, **Miliki** y **Fofito**, reconozco que salí un poco tocado del ala. A quienes nacimos por aquellos años nos educaron en la posibilidad de la utopía como forma de vida, en el humor sin malicia. Nos educaron en las historias de valientes guerreros que siempre ganaban, en las historias de amor entre príncipes y princesas, en las historias donde los dragones volaban y los animales hablaban, donde había gnomos y trolls y hombres del saco. Todo un mundo de fantasía que ahora —dicen- es malo para los niños porque hace que no sepan distinguir entre la fantasía y la realidad. Pero es que la realidad, con toda su estupidez y toda su hipocresía, a veces da asco. Porque la diferencia entre el mundo de los niños y esa realidad de algunos adultos paranoides es que los niños ven a Heidi, los adultos sólo ven las bragas.

32. VIVA LA PLURALIDAD

A eso de las siete de la mañana, todos los días de lunes a viernes, una furgoneta entra por mi calle, se detiene frente a mi edificio y la buena mujer que la conduce comienza a exprimir el claxon con pasión para que baje su compañero de trabajo. Se le nota por el entusiasmo que la mujer tiene ganas de comenzar la jornada. Una media hora después, el adolescente tarado mental de enfrente sale con su moto de escape libre hacia el instituto haciendo un ruido de mil demonios. El ruido, lógicamente, parece eternizarse a lo largo de toda la calle, porque aunque la moto en cuestión hace mucho ruido, no anda un carajo. Pocos minutos después, me levanto para ir al trabajo. No hace falta que diga que ya llevo despierto un buen rato, gracias a la tipa de la furgoneta y al tarado de la moto. En fin, me lavo la cara, desayuno y me voy a trabajar. Una vez concluida mi jornada laboral, vuelvo a casa, hago algo de comer y me pongo un rato a ver la tele.

A eso de la media tarde, en el momento más placentero del día, el tarado de la moto vuelve a salir con su máquina infernal, invadiendo la paz y la modorra del momento. Unos cinco o seis minutos después, incomprensiblemente, regresa. Y así, durante toda la tarde, como si se tratase de un ritual absurdo producto de una maldición. En medio de sus idas y venidas, llegan los obreros del edificio de al lado. Tal vez se deba a una enfermedad congénita que padecen los obreros, pero el caso es que hablan todos a gritos. Da igual que pidan un ladrillo o que le griten "cachonda" a la mujer que pasa por la acera. Como el momento del descanso ya ha pasado, salgo de mi cochera para ir a hacer algunos recados. A mi regreso, y a pesar del vado que reza en el portón, veo un coche invadiendo la entrada. Allí espero pacientemente unos siete minutos, hasta que un hombre cincuentón sale pachorrudamente de un edificio cercano como si tal cosa.

Más tarde, poco antes del anochecer, un vecino de abajo se pone salsón y enchufa un CD de música tipo "perrea, perrea". Como el cabrón es un tío generoso, pone el CD a un volumen lo suficiente alto como para que los demás podamos disfrutar de la vibración de las canciones en los cristales. Ya después de la cena, un grupo de adolescentes de entre trece y dieciséis años se reúnen en el hermoso portal de un edificio cercano para echarse unas risas. Mira que no hay sitios en el mundo para pasárselo bien; pues no; estos adolescentes sólo se lo pasan bien hablando a berridos en el portal. Y así, entre berridos y porros, se pasan hasta la una y media de la madrugada. Yo supongo que se trata de niños huérfanos, porque no creo que puedan existir unos padres tan mal nacidos como para dejar a sus hijos menores de edad una noche de martes tirados por la calle. Ya justo antes de acostarme, y mientras me fumo un pitillo en la ventana para culminar el día, veo a un homínido medio borracho que se esconde en la cochera de enfrente para echar un chorrete. Ya se sabe, el mejor lugar para echar una meada es en mitad de la calle, justo el lugar por donde luego pasarán nuestros hijos.

Hace unos días, en uno de esos programas nocturnos de televisión que pretenden recubrirse de intelectualidad, escuché decir a uno de sus aborregados y ultra progresistas tertulianos que había que respetar la pluralidad, y que ese respeto era la base de la convivencia. Yo creía que la base de la convivencia era el respeto de unas normas básicas de conducta, pero no. Y es que la convivencia, vista así, es muy fácil; solo hay que saber cómo soportar a la panda de capullos plurales que a cada uno de nosotros nos haya caído en suerte. Hay que joderse.

33. PERREA, PERREA

Todo estaba saliendo como cabía esperar. Los cantantes sobrios sobre el escenario, las canciones típicas de un festival que resurge de sus cenizas, el escenario perfecto, las palomitas sobre la mesa, los comentarios vanidosos de Uribarri. Y, de repente, qué nervios, sale el **Chikilicuatre**, perrea, perrea, con su guitarra de plástico de los chinos bendecida por el mismísimo Papa, como si el propio Dios hubiese perdido el juicio. Ahí estaba, plantificado sobre la tarima, con las bragas de la mulata en una mano y la bandera de España en la otra, convirtiéndose así en el nuevo símbolo –qué digo símbolo; esencia- de España, relegando al olvido al toro de Osborne y a la paella Valenciana.

Es cierto, sí señor. Tienen razón aquellos chikifans que dicen que el Chiki le dio frescura, ingenio y alegría al festival de Eurovisión, que los españoles –dicen- exportamos humor. Sí señor. Ole, ole y ole. Y es que nadie más en el mundo tiene sentido del humor, solo los españoles sabemos divertirnos y divertir a los demás. Nadie como nosotros para llevar una broma hasta el límite de la cordura. Somos tan cachondos que para la Eurocopa de fútbol vamos a enviar a los payasos de la tele con Buenafuente de delantero centro. Ganar no ganaremos, pero nos vamos a reír un buen rato. Y para las próximas elecciones, en vez de presentarse Zapatero y Rajoy, deberían presentarse los Teletubbies, demostrando así que los españoles vivimos en la degradación absoluta y que todo nos importa un carajo con tal de reírnos.

Me encanta este país, no lo puedo remediar. España es el único lugar de la Vía Láctea donde el chiki-chiki puede convertirse en un fenómeno social, el único lugar en el mundo donde una sociedad puede dividirse en dos bandos por culpa de una canción absurda, con el intelectual Boris Izaguirre –Dios nos coja confesados- de histérico abanderado. Somos un país maravilloso, repito, capaces de criticar a Coca-Cola o a Nike por sus políticas empresariales; al gobierno de EEUU por su privación de las libertades, pero capaces al mismo tiempo de descargarnos más de 800.000 mensajes con la canción del chiki, y de hacer que El Terrat –la productora de Andreu Buenafuente- se embolse 3 millones de euros con la payasada; una productora que busca lo mismo que Coca-cola o Nike; enriquecerse a nuestra costa. Y es que a los españoles nos encantan todo aquello que no es serio, porque en todo lo que ha sido serio a lo largo de la historia la hemos cagado, y mejor hacer el ridículo mostrando que nos importa todo un carajo que perder con dignidad.

En fin, que cada uno exporta lo que tiene, y España -desde que perdió sus colonias y su prestigio internacional- solo tiene sentido del humor, toros, playa, frikis y, además, los peores resultados de Europa en educación, en nivel de lectura y en producción económica. Con este escenario, no resulta extraño que muchos turistas reconozcan que vienen a nuestro país en busca de juerga, sexo fácil y borracheras nocturnas. Pero nada, a seguir dando esa imagen tan idílica de nuestro desquiciado país. Perrea, perrea.

34. VIVIENDO EN LOS ARMARIOS

Los armarios siempre han tenido algo mágico. De niños, por ejemplo, los armarios son los lugares donde viven los monstruos que aterrorizan nuestros sueños nocturnos. Ya de viejos, son los lugares que guardan nuestra piel artificial más allá de nuestra propia muerte. En Japón, por ejemplo, un hombre descubrió a una mujer de 58 años viviendo en la parte superior de su armario. La historia parece mágica, pero es más real que la vida misma. Al parecer, este hombre estaba intrigado por la continua desaparición de alimentos de su refrigerador, así que decidió instalar una cámara de seguridad. Cuando al fin vio las imágenes, pudo observar cómo una mujer se paseaba tranquilamente por su domicilio en su ausencia. Atemorizado, acudió a la policía, que, tras registrar la casa, descubrió a una mujer escondida en la parte superior de un armario, donde había instalado un colchón y varias botellas de agua. La mujer explicó a los investigadores que no tenía otro sitio dónde vivir.

Yo no tengo a ninguna señora viviendo encima de mi armario, pero tengo a Iberdrola a Telefónica y al servicio municipal de aguas viviendo en mi casa, que es casi peor. No me comen nada del frigorífico, pero dilapidan mi nómina a una velocidad que da miedo. Suben las tarifas cuando les viene en gana, sin justificación alguna, recortando aún más los euros de mi cartera. Además, cuando te das de alta en alguno de ellos, te atienden con mucha amabilidad, pero cuando te quieres dar de baja, tienes que esperar hasta la jubilación para que se haga efectiva. Pero ellos no son los únicos que viven conmigo. En un rincón de mi casa viven también las estaciones de servicio, como Repsol o Cepsa, y los impuestos estatales sobre los carburantes, que mordisquean mi nómina cada día a bocados más grandes.

La luz, el agua y la gasolina son bienes de primera necesidad, casi como los alimentos. Pero estos tampoco es que sean muy amigos del ahorro. También ellos duermen en los cajones de mi cocina terminando con lo poco que le pueda quedar a mi maltrecha nómina. Durante el último año, los limones —esos graciosos cítricos que parecen tan inocentes- han subido un 46%. El aceite de girasol, la harina de trigo, la leche esterilizada y los espaguetis también han subido más de un 20%. Algo extraño en muchos de ellos si tenemos en cuenta que, por ejemplo, el trigo está en el mercado internacional a la mitad de precio que en marzo del año pasado. Entre el 10 y el 20% han subido el gallo, la sardina, la bacaladilla, la merluza, la mantequilla, el pan de molde, el chocolate, las naranjas, los plátanos, el arroz, los yogures, las gambas, las alubias, los tomates, la bollería, el pollo y los huevos. Muy, pero que muy por encima del IPC.

En fin, que cada día que pasa se hace más difícil vivir. Así que no se asusten si un día van al altillo de su armario y se encuentran allí a una familia con tres hijos; son alguna de esas miles de familias españolas que con el aumento de los precios —al igual que la mujer japonesa- ya no tienen ni un sitio dónde caerse muerto.

35. PEDRO Y VIOLANTE

Cuando era pequeño, a veces veía pasar por detrás de la casa de mis padres algunos zorros seguidos por sus cachorros recién nacidos. Era una estampa inolvidable, llena de una ternura sin igual. En otras ocasiones eran ciervos o jabalíes lo que veía. Puercoespines, salamandras, petirrojos, conejos salvajes, tórtolas y un sinfín de animales revoloteaban alrededor de la casa de mis padres, protegidos por el bosque que la rodeaba. En aquella casa pasé veranos inolvidables, leí mi primer libro, hablé por primera vez con mi padre de "hombre a hombre", tuve mi primer gato. Yo mismo ayudé en la construcción de aquella casa, a pesar de tener tan sólo 12 años, acarreando tierra, ladrillos y arena en una carretilla de un lado a otro. Hace unos años, el ayuntamiento decidió que en aquel bosque venía de puta madre un polígono industrial, y ya es rara la vez que un zorro se pasea por el jardín de la casa de mis padres o que los conejos vienen a comer el pan que mi madre les deja con nocturnidad en un pequeño plato de metal. Aunque cada vez menos, todavía hay cosas que no tienen precio. ¿Quién en su sano juicio pondría precio a sus recuerdos de infancia? ¿Quién se atrevería a tasar su juventud? ¿Cuántos euros vale la charla de un abuelo con su nieto en el porche de la casa familiar? ¿Por cuánto estaríamos dispuestos a hipotecar una noche de invierno cargada de ternura al lado de nuestra pareja frente al calor de una chimenea?

Pedro y Violante son dos personas de casi 90 años que hasta hace unos meses vivían en su casa en plena huerta murciana desde 1946. Sin embargo, el 26 de abril de 2006 el ayuntamiento de Murcia decidió que, justo por su casa, estaría de puta madre que pasase una avenida; una avenida a la que se le acoplará a ambos lados cientos de preciosas ratoneras en forma de pisos de 60 metros cuadrados. La casa de Pedro y Violante fue tasada por el ayuntamiento en 163.034 euros —eso es lo que vale toda una vida-; una cantidad que les daría para pagar un alquiler durante 18 meses y, con el resto, optar a un piso protegido. Su abogado, en un último intento, solicitó al juez que, en vez de un piso, el ayuntamiento les diese al menos una casa parecida, humilde pero en la ya casi arrasada huerta murciana. El juez —de esos jueces con mayúsculas- les dio la razón y paralizó el realojo. Sin embargo, el ayuntamiento recurrió al Tribunal Supremo porque "se estaba condenando al ayuntamiento a buscar casa en la zona, cosa difícil puesto que era una zona de crecimiento de la ciudad, donde las viviendas de similares características están llamadas a desaparecer". El Tribunal —cómo no- dio la razón al ayuntamiento, recalcando el "perjuicio al interés general" que estaban ocasionando Pedro y Violante. Y es que ya se sabe lo peligrosos que pueden ser dos nonagenarios armados con sus dentaduras postizas, nada que ver con esos asesinos, pederastas y violadores que sueltan a diario la panda de jueces inútiles que tenemos que soportar —y mantener- en este país. Es evidente que el desarrollo —cuando depende de jueces, políticos y constructores- es incompatible con la humanidad y con la naturaleza. Según estos colectivos, es más importante una avenida transitada por miles de vehículos anónimos que las charlas nocturnas de dos abuelos con sus nietos en el porche familiar, o que sus noches de ternura frente al fogón, o que sus recuerdos infantiles. Y es fácil comprender su necedad, porque estos colectivos —por norma general- carecen de escrúpulos, de sentido común y de humanidad. Y carecen de todo ello porque ya hace tiempo que vendieron su alma para edificar en ella hermosos "resorts" repletos de billetes. Pura basura. Ojalá algún día se les atragante tanta estupidez y tanto ladrillo.

36. NUESTROS VIEJOS

Dicen que la vejez es el declive de la vida, que es el invierno, la decrepitud, la época donde afloran todos los males físicos y espirituales de la vida. En infinidad de ocasiones, equiparamos vejez con incapacidad o limitación física y mental. Los viejos son torpes, caminan con lentitud, tardan en responder, tienen duro el oído y la mollera. Los viejos huelen, incordian, están fuera de su tiempo, son inútiles y no comprenden los avances del mundo.

Los bebés, cuando son pequeñitos, también son duros de oído y de mollera. Huelen, y a veces no muy bien, precisamente. Caminan con lentitud, si es que caminan, y están llorando todo el día, porque también en sus cuerpitos afloran todos los males de la nueva vida fuera del vientre de su mamá. Los bebés, cuando son pequeños, también son unos inútiles; no saben utilizar un ordenador, ni una sandwichera, ni siquiera saben jugar a la Play. La infancia y la vejez son, así, dos etapas distintas de la misma vida; es decir; las partes contrarias de una misma dualidad. Los viejos no son niños, pero — como todos los extremos- comparten características comunes. Sin embargo, nosotros —todos los que formamos parte de esta sociedad- hemos decidido que la vejez sea considerada como la época más inútil, desprestigiada y maldita de nuestro proceso vital.

Antiguamente -antes de que existiera el botellón, las carreras ilegales, el programa La Noria, los centros comerciales y los zoológicos-, los viejos, los niños, los adultos y los jóvenes convivían en perfecta armonía. Los ancianos eran admirados por sus conocimientos y sus experiencias, y se acudía a ellos en cuanto surgía algún problema o alguna preocupación. Sin embargo, a medida que los seres humanos nos hemos ido distanciando de la naturaleza, nos hemos ido apartando también de los viejos. Hoy en día, resulta difícil ver a un adolescente charlando con su abuelo; primero, porque los adolescentes de hoy están aborregados, y, segundo, porque los viejos de hoy –tal vez debido a la marginación social que sufren- han perdido la generosidad y la dulzura amable de otros tiempos.

La vejez es el ocaso de la vida, es cierto, pero la vejez no es la muerte. Lo que sucede es que, en esta cultura del ocio y del complejo de Peter Pan, hemos decidido apartar a los viejos para ocultarnos a nosotros mismos que –si Dios lo propicia- todos llegaremos a arrastrar las piernas, a oír con dificultad y a ser duros de mollera. La vejez es el ocaso, pero existen ocasos cuya belleza y dulzura es incomparable. En nuestras manos está darle sentido a ese ocaso, pues el trato que les demos a nuestros viejos será, en definitiva, el trato que recibiremos cuando lleguemos a esa etapa de nuestras vidas.

Debemos recuperar a nuestros viejos del destierro social al que los hemos relegado. Y debemos recuperarlos porque, en primer lugar, los viejos representan la memoria viva de nuestra propia historia. Debemos recuperarlos, además, porque, a pesar de la edad cronológica y de sus escasas limitaciones, nuestros viejos pueden realizar infinidad de funciones sociales y de trabajos. Y debemos recuperarlos, sobre todo, porque en los ojos de nuestros viejos estamos cada uno de nosotros.

37. DEPREDADORES

Durante las últimas semanas, el mundo entero ha vivido pendiente de las bolsas, contemplando atónitos cómo los índices caían hasta niveles inimaginables, cómo el pánico se apoderaba de los inversores, y cómo el eco del desplome bursátil -recogido en la portada de todos los informativos nacionales e internacionales- nos llevaba a todos a imaginar un escenario económico apocalíptico. Las bolsas recogían de este modo la temida crisis. Pero a pesar del batacazo bursátil, no debemos olvidar que la bolsa no deja de ser un simple reflejo, porque la crisis, la verdadera y dolorosa crisis, tiene nombres y apellidos, hijos, el préstamo del coche y una hipoteca a treinta años. Nadie sabe a ciencia cierta cuándo comenzó la crisis. De hecho, hasta hace un año, parecía que la economía de los países desarrollados y de los países emergentes iba viento en popa. En tan solo trescientos sesenta y cinco días, la sensación es la de que lo único que nos espera en los próximos dos o tres años es la pobreza más absoluta. Algo que, a mi juicio, resulta realmente curioso. Puede que uno no sea un brillante economista, como esos lumbreras que pululan por universidades y diarios económicos de todo el mundo; esos que hacen unos maravillosos análisis. A toro pasado, eso sí. Ninguno de ellos, que yo sepa, ni los presidentes y ministros mundiales pareció darse cuenta de algo que para cualquier persona con un poco de capacidad de análisis era más que evidente. A saber; que las enormes rentabilidades generadas por las grandes empresas mundiales no se reinvertía en la sociedad, sino en unos pocos. Y me explico.

Durante estos últimos diez años de bonanza económica, la mayoría de las grandes y medianas empresas mundiales han batido beneficios año tras año.

Sólo hay que echar un vistazo a los balances de empresas como Telefónica, Iberdrola, Fortis, Morgan Stanley, Total Fina, Siemens, Volkswagen, Ford, Google, Intel, Wal-Mart, etc. Aún a día de hoy, en momentos de crisis como los que padecemos, muchas de estas empresas siguen obteniendo beneficios. No están perdiendo dinero; están dejando de ganar tanto. Y, en cambio, bajo la justificación de dificultades económicas, muchas de ellas presentan Expedientes de Regulación de Empleo. Entonces, la pregunta que a cualquiera se le viene a la cabeza es ¿dónde están todos los beneficios que han acumulado a manos llenas en estos diez años? Es decir, ¿cómo una empresa puede pasar por dificultades económicas o puede dar quiebra en seis meses cuando durante los últimos diez años ha logrado una rentabilidad acumulada de un 500%? La respuesta también es más que evidente; todo ese dinero se ha ido en los sueldo de sus grandes directivos, en los coches y chalés de lujo, en las cenas y viajes a los mejores spas, en pagar prostitutas de lujo a sus mejores clientes y cosas por el estilo.

Con esta crisis, ha quedado de manifiesto que el único objetivo de las grandes y medianas empresas mundiales es obtener enormes beneficios a costa de sus trabajadores y de los consumidores de sus productos. Lo que sucede es que, como se está comprobando, si los ciudadanos no mejoran sus condiciones laborales, el consumo se agota y las empresas mueren. Es una lección dolorosa pero que espero sirva para establecer un nuevo orden económico más equilibrado y justo. Porque lo que es humillante es comprobar cómo nuestros tíos, primos o padres se han roto los cuernos en una empresa durante veinte años por un sueldo miserable para terminar engrosando la cola del paro, mientras los grandes directivos se han dedicado a lapidar cada uno de los euros que entraba en caja. Y eso, sin que los gobiernos hayan hecho absolutamente nada.

38. BARRIENDO LA HISTORIA

Cuando uno se detiene frente al Museo Nacional de Praga, a parte de la belleza de la construcción, una de las cosas que más le llama la atención es la infinidad de marcas blanquecinas que hay a lo largo de todo el frontal y que contrasta con el color marrón grisáceo del edificio. Se trata de los restos de las balas incrustadas durante los tiroteos en la llamada Primavera de Praga de 1968. A pesar del paso de los años, se han dejado las marcas de las balas, no porque durante todo este tiempo no hubiese dinero para reparar los desperfectos, sino como recuerdo histórico.

Auschwitz es, posiblemente, el edificio más doloroso de toda la humanidad. Las atrocidades allí cometidas le otorgan ese triste título. Cuando uno entra al campo de concentración de Auschwitz, se lo encuentra más o menos tal y como estaba en 1945, cuando fue liberado por el ejército soviético. Sólo imaginar la situación que allí padecieron millones de personas es suficiente para sentir un sobrecogedor estremecimiento recorriendo todo el cuerpo.

El 10 de junio de 1944, como represalia por el Desembarco de Normandía, una división formada por 150 soldados alemanes fusilaron a todos los habitantes masculinos de la ciudad francesa de Oradour sur Glane y quemaron vivos a las mujeres y a los niños encerrándolos en la iglesia. Sesenta años después, uno puede encontrar el pueblo tal y como quedó aquel fatídico día, ya que los pocos supervivientes fundaron el pueblo nuevo anejo al antiguo y dejaron éste intacto.

La cárcel de Carabanchel fue uno de los símbolos de la represión de la dictadura de Franco. Sin embargo, ahora es un solar lleno de escombros. Hay quienes opinan que la demolición de la cárcel es un gran acontecimiento. Y es una opinión del todo respetable. Sin embargo, una vez que Franco ya cría malvas y gusanos, y que la democracia ya está más que enraizada en la sociedad, la cárcel de Carabanchel no representa una amenaza. Yo no sé si hay gente tan necia que quiere ganar batallas a los muertos, o que cree que demoliendo realidades construyen otra distinta, pero lo que parece claro -a juzgar por su repulsión hacia la historia- es que si Zapatero y sus palmeros gobernasen el mundo derribarían Auschwitz para construir pisos de 30 metros cuadrados, demolerían el Museo Nacional de Praga para construir un nuevo edificio donde celebrar los encuentros de la Alianza de las civilizaciones, y donde está el pueblo de Oradour sur Glane harían un gran centro comercial. Y en el Coliseo romano, una plaza de toros.

La historia de la humanidad es, en gran medida, una historia de sufrimientos o de vergüenzas. Por eso, muchas veces, los edificios muestran sus muros como reflejo de las heridas sufridas por su población durante esos años de guerras y revoluciones, y este aspecto les dota de un carácter mayor que la belleza del edificio o el estilo de la construcción o la finalidad del mismo en sus tiempos más crueles.

Dicen que conocer la historia —aunque sea dolorosa- es importante para no volver a repetir los errores del pasado y para recordarnos de dónde venimos. De seguir así, dentro de cien o doscientos años, nuestros descendientes pasearán por las calles de una España sin recuerdos de la Guerra Civil o del franquismo, como si todo lo sucedido hasta entonces —sangre incluida- hubiese sucedido en balde.

39. LA CÚPULA DE LOS HAMBRIENTOS

Para mi desgracia, no tengo 20 millones de euros. O si lo prefieren, tres mil millones de pesetas. Pero si los tuviera, no los gastaría en financiar la famosa cúpula de **Miquel Barceló** en la nueva Sala de los Derechos Humanos y la Alianza de las Civilizaciones. Esto se debe a que soy un inculto absoluto en cierto tipo de arte que se da en la actualidad. Soy tan insensible para este tipo de arte que por mucho que mire y remire, yo en la cúpula de Barceló no veo más que chorretones de pintura, una plasta informe muy parecida a lo que dejan los alumnos en las clases de plástica cuando trabajan con témperas. Claro que ellos no se llaman Barceló. Puede que el resultado final haya quedado bonito, no lo niego, pero no lo calificaría como arte. Y, mucho menos, pagaría tanto por ello. A mi juicio, en una obra de arte no cabe la arbitrariedad, y está claro que tampoco caben las mangueras a presión. Sin embargo desde que una bolsa de basura expuesta en el famoso museo británico Tate Britain fue calificada como una obra de arte, cualquier cosa puede serlo. Así que no se desanime; cada vez que usted vaya con sus zapatillas a tirar al contenedor la basura acumulada en su casa, no piense en que está realizando una tarea propia del hogar; considérese un artista aún por descubrir. Dicen de la famosa cúpula de la ONU que es la "nueva Capilla Sixtina", una calificación un pelín exagerada si juzgamos las técnicas utilizadas y el resultado final. Pero esa no es la mejor definición. Por ejemplo, Zapatero señaló que la escultura-pintura de Barceló era "una metáfora del mundo". Y es cierto, solo hay que ver cómo está el mundo. El ministro de Exteriores, Miguel Ángel Moratinos, se refirió a la cúpula como "una grandiosa obra" que simboliza el "multilateralismo eficaz". Lo siento, pero eso no sé lo que es. Por su parte, Ban Ki Moon, el secretario general de la ONU, después de agradecer el regalo de España – supongo que con esa sonrisa estúpida de quién recibe una camiseta tipo "estuve en la ONU y me acordé de ti"- calificó la cúpula como una "obra de arte innovadora y radiante". Seguramente, no supo qué más decir. El rey Juan Carlos, el pobre, dijo que aquello representaba una obra "de carácter global, unitario e indivisible". Supongo que lo de indivisible lo dijo porque para la realización de la obra se utilizaron más de 35.000 litros de pintura, chorreados a lo bruto con manguera. Para terminar, el artista Miquel Barceló explicó que el significado de su trabajo era una superficie curva que era al mismo tiempo "un mar y una gruta, la unión absoluta de contrarios". Como la velocidad y el tocino. Sin embargo, la polémica suscitada por la cúpula de Barceló no tiene nada que ver con temas artísticos. La polémica se debe a que, de los 8 millones de euros aportados por España para la financiación del 40% de la obra, unos 500.000 euros han salido de los fondos que nuestro país dedica a la ayuda al desarrollo (FAD). Y es que ser solidario es jodido. Si gastas 8 millones de euros en ayudar a aquellos que tienen problemas –que también los hay en España- no sales en ninguna foto, y hay quien prefiere las fotos a la solidaridad, a pesar de que luego se llenan la boca hablando de socialismo.

De todos modos, lo positivo de todo el asunto es que la obra de Barceló está en sintonía con lo que hace la ONU; un organismo repleto de vividores incapaces de solucionar ni un solo problema del mundo. Y es que la cúpula de Barceló, lo que verdaderamente debería representar, no es ni el mundo, ni el multilateralismo, ni cosas por el estilo, sino una gran boca abierta llena de hambre.

40. LA VIDA

Si alguien me preguntase qué es la vida, le respondería que son emociones. Evidentemente, es una interpretación resumida, pero qué es la vida sino un resumen. Nadie se acuerda a la perfección de qué estaba haciendo un día determinado a una determinada hora, pero recuerda con total nitidez aquellas situaciones vividas con intensidad y plagadas de emociones, tanto si han sido negativas como positivas. A pesar de lo que nos han hecho creer, no somos desde luego los objetos que poseemos. Nadie es su coche, ni su casa, ni su televisión de plasma. No somos los ordenadores que compramos ni los teléfonos móviles de última generación ni los últimos reproductores de DVD. No somos la cerveza que bebemos, ni el vino de Rioja, ni un whisky escocés. Todos los objetos que compramos, las acciones que realizamos, los lugares a los que viajamos, no tienen sentido por sí mismos, sino por las emociones que nos producen o nos transmiten.

Yo soy la placidez de los paseos en un carro de madera tirado por una vaca llamada Morena al lado de mi abuelo. Soy los días de lluvia, calado hasta los huesos, secándome al calor de la lumbre. Soy el dolor de pies después de recorrer una ciudad extranjera y desconocida. Soy los ojos cerrados escuchando Amaral en la arena de la playa. Soy la nieve mirando por la ventana. Soy las luces de Navidad en los ojos de un niño. Soy la mano de la mujer a la que amo. Soy el olor a nuevo de mi primer coche. Soy el frío del hielo en los chichones infantiles. Soy una gripe bajo las mantas arropado por mi madre. Soy la ternura de un cordero en mis brazos. Soy una luminosa tarde de Agosto en la Fontana de Trevi. Soy mi primera caída en bicicleta. Soy una conversación de amanecer al lado de mis amigos.

En los momentos de alegría, de dolor, de cansancio, de hambre, de pasión se resume nuestra vida. Esos momentos somos nosotros. Más allá de esto, no hay nada, excepto objetos que nos rodean pero que, a nuestro pesar, no podremos llevarnos a los escasos tres metros cuadrados de la que será nuestra última morada.

Sin embargo, los seres humanos de los países desarrollados, hemos renunciado a la poesía del dolor, de la belleza, de la ternura o del amor, y nos hemos convertido, al fin, en simples productores o consumidores. No observamos la belleza de un paisaje mientras viajamos ni el dolor de una familia a la salida de un hospital. Preferimos mantenernos al margen de la vida. Amamos sin que nos duela, bebemos para olvidar, hacemos el amor sin saber con quién, tomamos drogas para poder sentir sensaciones diferentes -como si la propia vida no estuviese plagada de ellas-, proyectamos nuestras frustraciones o nuestros deseos comprando objetos que suelen ser al fin innecesarios. Rechazamos la moral, el compromiso, la responsabilidad, el honor, la amistad, las emociones más pasionales. Evolucionamos en la forma de vivir pero no en el contenido, y nos hemos creado un mundo virtual donde no hay viento, ni lluvia, ni calor, ni frío; donde no hay éxito ni fracaso; donde no cabe al fin la esperanza. Tan sólo un revés en nuestras vidas puede a veces mostrarnos lo que verdaderamente somos. Pero mientras, caminamos por la vida a cien kilómetros por hora sin detenernos a observar, a respirar, a llorar, a reír. Caminamos por la vida a cien kilómetros por hora, pero no huimos de ningún lugar, ni vamos en realidad hacia ninguna parte.

41. EL MISMO ORIGEN

Al principio existían sólo los mirones, esos tarados que se escondían detrás de las tapias y de los cercados en busca de alguna escena tórrida que llevarse a su enfermo cerebro. Luego, con eso de la normalización de acometer actos sexuales en cualquier lugar público, ya fuera un parque, un portal o un váter, aparecieron los mirones con grabadora de video. Hoy en día, el número de adeptos a este tipo de prácticas de "voyerismo" ha aumentado, en justa consonancia con la estupidez y la degeneración que sufre el ser humano. Bien es cierto que entre el enfermo de antes y el capullo de ahora hay significativas diferencias; mientras el enfermo de antes podría considerarse una especie de investigador de campo en busca de escenas subidas de tono en lugares públicos, el capullo actual es un violador absoluto y criminal de la intimidad de las personas.

Según hemos sabido, hace unas semanas un joven fue sorprendido mientras grababa en el interior de un probador de un centro comercial. Para ello, usaba una micro-cámara, y todo lo que iba grabando iba siendo enviado vía bluetooth a un reproductor MP4 que tenía en su bolsillo. Y es que la tecnología es como la miel; no está hecha para la boca del asno. La forma de cometer semejante fechoría era la siguiente: el chico entraba a los vestidores con alguna prenda, ocultaba la micro-cámara en un zapato vacío y, aprovechando el despiste de las mujeres que se estaban probando alguna prenda, lo deslizaba por debajo de la puerta del probador. Con esta técnica propia de una mente enferma se hizo con más de tres horas de grabación. Posteriormente, enviaba las imágenes a una de esas múltiples páginas de

Internet que publican este tipo de material vulnerando la legalidad impunemente sin que los gobiernos sean capaces de meterles mano, en el buen sentido de la palabra.

Al parecer, este tipo de prácticas —sobre todo con las cámaras de teléfonos móviles- comienza a ser frecuente entre jóvenes y adolescentes. Abren las cortinas de los probadores de las tiendas, sacan una foto furtiva y se dan a la fuga. Luego las cuelgan en Internet o las envían vía mensaje a sus coleguillas de turno, tan agilipollados como ellos mismos. Porque, eso sí; casi todos los que realizan estos actos son hombres; esos seres tan machos para violar, abusar, pegar o humillar y tan cagados para todo lo demás.

Lo que sucede con este tipo de casos resulta curioso. Casi con total seguridad, todos estos hijos de su madre que sacan fotos de mujeres en los probadores, vulnerando su intimidad al sacarles la foto, y —posteriormente- volviéndola a vulnerar colgando las imágenes en Internet, entrarán por una puerta del juzgado y saldrán por la otra. Y digo que resulta curioso porque nos lamentamos por las mujeres que han sido asesinadas a manos de sus parejas —más de 200 en los últimos tres años-, pero no nos damos cuenta de que este terrible drama tiene una raíz; el desprecio por la mujer como ser humano, la idea de la mujer como simple objeto sexual, la potenciación de los roles sexistas y discriminatorios. En este sentido, sacar fotos de una mujer en un probador violando su intimidad y asesinar a una mujer tienen, al fin y al cabo, el mismo origen; el desprecio por la mujer. Así que, si no queremos seguir llorando muertes de mujeres inocentes a manos de sus parejas, debemos atajar el problema de raíz; primero, desde la educación y, luego, con todo el peso de la justicia, incluso en casos que puedan parecer menores. Porque cuando no se ataja el principio, siempre se acaba llorando el final.

42. DIOS VIAJA EN AUTOBÚS

Hay quienes afirman que las religiones son las responsables y causantes de gran parte de las guerras y de la mayor parte de la historia más vergonzosa del mundo. Y no les falta razón. Lo que sucede es que detrás de las religiones casi nunca hay un dios, sino unos intereses bastante terrenales, y quienes gobiernan las religiones no son dioses, sino hombres. Por eso, los causantes de las guerras y de la historia más vergonzosa del mundo no son las religiones en sí, sino los hombres que utilizan la religión como arma para imponer sus políticas o su código ético, así como todos aquellos que, por unas razones u otras, los secundan. Gracias a ellos, las religiones han pasado de ser dogmas y creencias a convertirse en virus; un virus que necesita introducirse en la política y en la educación para poder subsistir y desarrollarse.

Por si ya tuviésemos pocas religiones en el mundo, en estos últimos años se está formando otra más: el laicismo. El laicismo es una doctrina que defiende la independencia del hombre, de la sociedad y del estado de toda influencia eclesiástica o religiosa, algo que es perfectamente respetable e, incluso, fundamental para cualquier democracia que se precie. Hasta ahí, todo correcto. Sin embargo, cuando el laicismo comienza a publicitarse, cuando dogmatiza y, sobre todo, cuando ataca, persigue o discrimina a los que tienen alguna creencia religiosa, entonces el laicismo se comporta del mismo modo que esas mismas religiones a las que tanto critica, convirtiéndose ella misma en una religión más.

En los últimos meses, las hostilidades entre los católicos y los laicistas han vuelto a resurgir en forma de autobús. El primero en aparecer fue el denominado "autobús laico", el cual lleva un panel publicitario cuyo lema es "Probablemente Dios no existe. Deja de preocuparte y disfruta la vida". Como no podía ser de otro modo, los católicos entraron a trapo calificando el lema de provocación y blasfemia, y contraatacaron con un "bus católico" –no confundir con cristiano- cuyo lema era "Dios sí existe. Disfruta de la vida en Cristo".

Discutir sobre la existencia de Dios a través de autobuses tiene más de sainete que de otra cosa, y dice bastante de la capacidad mental que poseen algunos. Si uno es creyente, no necesitará más que la fe para creer, y si no lo es, la existencia de Dios de manera científica parece difícil de demostrar. Pero lo que más me preocupa del asunto de los autobuses es ese inquietante lema: "Probablemente Dios no existe. Deja de preocuparte y disfruta la vida"; un lema que raya la estupidez o la mala intención. Porque sólo un estúpido o un demagogo puede afirmar que aquellos que creen en Dios se preocupan más o que no disfrutan de la vida. Además, por otro lado, si quienes pagaron el panel son realmente bienintencionados y lo que desean es abrir los ojos a los creyentes, deberían ampliar el cartel para decir que no sólo Dios no existe, sino que tampoco existe ni Alá ni Buda ni ningún otro.

En definitiva; que el problema, como decía al principio, no radica en la creencia religiosa de cada cual, sino en el uso que cada uno hace de esa creencia y, sobre todo, en esa cruel necesidad que tienen algunos de imponer su creencia a los demás. Algo, por cierto, que es totalmente contrario a cualquier fundamento religioso pero, también, a cualquier fundamento democrático.

43. ¿LIBRE? ELECCIÓN

El tema del aborto es un tema extremadamente complejo, un tema en el que confluyen aspectos morales, religiosos, científicos y educativos. Sobre los aspectos morales, poco se puede decir; nosotros mismos hemos creado una cultura sin moralidad social, donde el enjuiciamiento ético de una acción queda reducido al uso de la libertad individual y personal, por lo cual todo acto —por el mero hecho de ser libre- es justificable. El único problema es delimitar dónde termina la libertad de abortar de la madre y dónde comienza la libertad de vivir del feto. Es ahí donde entran entonces los aspectos religiosos y científicos. Desde el punto de vista religioso, las cosas han ido variando a lo largo de los años. Hasta 1869, la Iglesia católica decía que el feto se convertía en un ser con alma después de 40 días de la concepción si era varón y 80 días si era mujer. Después de 1869, el papa Pío IX estipuló que el aborto significaba eliminar una vida humana. Teniendo en cuenta este tipo de variaciones, poco se puede decir; ahora sí, ahora no. Pero desde el punto de vista científico, sí hay más que decir. Para que un aborto no pueda ser considerado un asesinato desde el punto de vista penal, primero debe establecerse científicamente cuándo un embrión —que es un ser vivo- es o no un ser humano. Varias son las opciones: cuando el embrión o feto tienen la capacidad de moverse, en el momento en que se desarrolla el sistema nervioso, al iniciar la función cerebral o cuando comienza a latir el corazón. Los científicos no terminan de ponerse de acuerdo. Por ello, cada gobierno establece un tiempo "no muy avanzado" y unas condiciones personales mínimas para poder abortar.

Por otro lado, lo grave para muchos no es que una señora de treinta años y con tres hijos decida abortar después de un fallo en sus medidas anticonceptivas. Lo que escandaliza a muchos es el aumento desmesurado de embarazos no deseados en adolescentes, los cuales, en un 90%, terminan en aborto, y, en algunos casos, en más de una ocasión. Y es curioso, porque legalmente los chicos y chicas de 16 años no pueden fumar ni conducir ni votar, pero dentro de poco podrán elegir si abortar o no. Es decir; socialmente se considera que los chicos de 16 años no tienen la capacidad mental suficiente para elegir a su presidente de gobierno, pero a nadie le escandaliza ya que a esa edad los adolescentes mantengan relaciones sexuales a diestro y siniestro. Los resultados: cuatro de cada diez adolescentes de entre 15 y 17 años han mantenido una relación completa y la mitad de ellos asegura haberlas tenido con más de una pareja; la tasa de embarazos entre chicas de 10 a 17 años se ha cuadruplicado en diez años; el número de abortos entre jóvenes y adolescentes aumentó en España casi un 17 por ciento en 2007 respecto al año anterior; la PDD –píldora del día después- es tomada por los adolescentes como un método anticonceptivo más. Dicen algunos "expertos" que el problema de los embarazos no deseados –que son los que terminan en aborto- se debe a la falta de educación sexual. Y es curioso, porque vivimos justamente en la llamada "era de la información", donde cualquier gilipollas con un ordenador es capaz de aprender desde física nuclear hasta chino mandarín.

Como decía al principio, el tema del aborto es un tema demasiado complejo. Hay opiniones para todos los gustos; desde los que lo definen como un asesinato hasta los que sostienen que debería ser totalmente libre. Pero todo eso da igual, porque lo importante es seguir manteniendo nuestra sociedad libre y hedonista, donde las consecuencias de nuestros actos no nos molesten. Y si lo hacen, los tiramos por el váter cañerías abajo.

44. CHURROS CON CHOCOLATE

Uno de cada cinco europeos que consume cocaína vive en España; uno de cada cinco. España es en la actualidad el mayor consumidor mundial de cocaína; se cree que un 4% de la población española toma esta droga de manera habitual, como quien toma churros con chocolate. Y hablando de chocolate; España es también el mayor consumidor de hachís y de drogas de diseño de toda la Unión Europea. En resumen; que en España das una patada a una piedra y sale un tío con un porro en la boca.

Hablar de la droga es algo complicado. Yo supongo que para las familias de los drogadictos -y para la sociedad en general- es mejor utilizar el eufemismo de que la droga es una enfermedad. Pero no lo es. Comparar —y más hoy en día- a un drogadicto con un enfermo es un agravio hacia los enfermos a los que les ha sobrevenido una auténtica enfermedad. Es cierto que hace veinte o treinta años nadie conocía los efectos nefastos de las drogas. No se explicaba en los institutos, no existían campañas de prevención, no existía Internet, no había el programa "Callejeros" y tampoco había ejemplos de amigos vivos —o medio muertos- donde comprobar esos efectos tan perniciosos. Por ello, puede que los jóvenes drogadictos que comenzaron a tomar drogas en aquellos tiempos pudieran ser considerados unos enfermos, aunque sea unos enfermos de conocimiento. En la actualidad, estamos rodeados de campañas y folletos explicativos sobre las drogas en institutos, cafeterías, farmacias, supermercados y estaciones de servicio, y existen ejemplos personales de hasta dónde pueden conducir las drogas. Además, las características de los drogadictos de hoy en día han cambiado. Un porcentaje importante son de clase media o media-alta, muchos de ellos jóvenes —y no tan jóvenes- con cien euros en el bolsillo para gastárselos en drogas todos los fines de semana, aunque luego vayan diciendo que hacen botellón porque las copas en las discotecas son caras. Pueden existir casos de personas con situaciones personales extremas o que viven en zonas marginales, qué duda cabe. Pero el drogadicto actual ya no suele vestir con harapos; viste con polo "Lacoste", pantalón "Pepe Jeans", zapatillas "Nike", tiene las llaves de un "Audi" aparcado a las puertas de una discoteca y, sobre todo, hace alarde de tomar drogas frente a los amigos y las cámaras de televisión. Pero lo más vergonzoso es que mientras ellos dicen divertirse —antes de estrellarse con su coche tuneado contra una familia con hijos por ir ciegos de "éxtasis"-, con ese dinero están financiando directamente a mafias organizadas que luego roban en nuestras casas. Pero la culpa no es sólo de ellos, sino de una estúpida sociedad que transmite una cultura lúdica y glamurosa del alcohol y de las drogas.

El Estado, es decir, todos nosotros, gasta una cantidad ingente de euros en ayudas a los drogodependientes. Es una tragedia, y —aunque muchos se han metido por propia voluntad- hay que ayudarles. Pero, también, sería importante comenzar a depurar responsabilidades, y pensar que si aquellos que se drogan merecen el apoyo económico a través de nuestros impuestos, un joven que hoy no se drogue y que encima tenga estudios debería recibir también toda nuestra ayuda económica, aparte de ser declarado monumento de interés turístico nacional.

45. FIESTA DEL TRABAJO

Ya sabemos que hay una crisis mundial, global, interplanetaria. Ya sabemos que los ciclos económicos son así, que vienen y van, que suben y bajan. Sin embargo, la crisis ha golpeado a nuestro país de manera mucho más contundente que al resto de Europa. La muestra más evidente es que la cifra de parados en España duplica la media europea. Es decir, que si la cosa sigue así, a partir de Junio, uno de cada dos parados en Europa será español. Ante estos datos, no existe excusa posible por parte del gobierno, ya que si la crisis nos ha golpeado a nosotros dos veces más que a cualquier otro país es porque algo se ha hecho mal, tanto en política laboral como en el mantenimiento de una economía basada casi exclusivamente en el turismo y la construcción. De nada nos vale ahora que critiquen la gestión de gobiernos anteriores, ya que si no les gustaba, han tenido cinco años para realizar las reformas oportunas.

Qué duda cabe de que la dramática situación de nuestro país es responsabilidad de la falta de previsión y gestión de este gobierno y del anterior. Pero, a parte de ellos, otros de los responsables de nuestra precaria situación laboral son los sindicatos; esas instituciones invadidas por personas con cierta inclinación a la pereza que han visto en estas instituciones la mejor forma para escaquearse de su trabajo. Durante años, los sindicatos españoles no se han dedicado a defender el empleo, sino a defender las prestaciones sociales. Un ejemplo de esto es que se dan casos de trabajadores que han sido obligados a jubilarse anticipadamente en su empresa y que, en caso de querer volver a trabajar para otra empresa, perderían dinero. Lógicamente, se han quedado en sus casas. Muchos de estos trabajadores, de habérseles compensado parcialmente por la pérdida de su poder adquisitivo, no sólo dejarían de recibir dinero del estado, sino que además —por el hecho de estar trabajando de nuevo- cotizarían a la seguridad social. Esta y otro tipo de situaciones igual de aberrantes han sido provocadas por la intervención de unos sindicatos burocratizados, que —en una interpretación errónea del socialismo y del sindicalismo- han fomentado que se premiara a quienes no trabajaban gravando a quienes sí lo hacían. Y como su labor es tan extraordinaria, ahora gestionan la casi totalidad de cursos para parados —unos cursos que, como mucho, sirven para echarse una siesta-, llevándose un dinero considerable por su gestión. En resumen; una política sindical basada en el clientelismo y la autocomplacencia que ha creado tantas mejoras como desequilibrios.

Dicen los amigos de la pandilla del Presidente del Gobierno que Zapatero está obsesionado con el paro. Y no es para menos. Aunque es un gesto que le honra, en realidad no le pagan para preocuparse, sino para crear empleo. Para preocuparnos, ya estamos los demás. Tan agobiado está el hombre con el tema del paro que hace unas semanas, en el 40º Congreso del sindicato UGT, pidió a sus camaradas que le diesen todo el cariño posible; un acto de puro egoísmo, ya que, si en realidad le preocupa tanto el desempleo, no tendría que haber pedido cariño para él, sino para los cuatro millones de parados que día tras día aguantan estoicamente en las colas infinitas del INEM.

46. NO SOMOS NADIE

Hace unos días, en uno de esos curiosos programas de televisión del tipo "chico busca chica" y viceversa, el presentador presentaba a uno de los participantes del siguiente modo: "Se llama Fulanito de Tal y tiene un tatuaje y dos piercings". Interesante presentación, pensé. Eso es como si yo mañana llevo a un amigo a cenar y le digo a mis padres: "Este es mi amigo; se llama Menganito y tiene una camiseta gris". En fin. En un principio, he de reconocerlo, pensé que presentar a una persona por los complementos o añadidos en su aspecto exterior era una auténtica estupidez. Pero, a medida que avanzaba el programa, pude comprobar que, debido al nivel cultural e intelectual de los participantes, no era tal, ya que poco más podría decirse de aquellos ejemplares. Luego, en un proceso de reflexión más profundo, comprendí que -en realidad- aquella presentación tenía más sentido del que yo le había otorgado en un principio, ya que, hoy por hoy, la cantidad de los complementos que nos ponemos es casi lo único que nos define, ya que nuestro interior es ,cada día que pasa, más impresentable.

En la sociedad actual, en esa en la que es obligatorio estar a la última, a nadie le importa ya si una persona tiene unos valores determinados u otros. Tampoco importa si una persona es sensible, si es trabajadora, si le gusta mirar las estrellas, si le gusta la poesía o si le encanta darle de comer a las palomas en la plaza mayor de su pueblo. Lo que importa hoy por hoy es la imagen exterior; esa que viene impuesta por las grandes compañías de moda y en la que muchos caen como pardillos, repitiéndose en sus estéticas como robots clónicos. Si de repente se lleva el flequillo; millones de personas llevarán flequillo, aunque les quedé como el culo —con perdón-. Si se llevan los tatuajes; millones de personas se echarán a la calle para hacerse un tatuaje en una zona de difícil acceso, y ese será el tema de conversación principal con el resto de sus amigos, igual de tatuados que él. Si de repente se lleva ir con un lado de la camisa por fuera del pantalón; cientos de millones de personas llevarán un lado de la camisa por fuera, como si viniesen de trabajar de la obra y no de estar cuatro horas frente al espejo antes de salir a la calle. Y es que la estética ya no es una cuestión de camisas, camisetas, faldas o pantalones; es una cuestión de supervivencia vital.

Todo este movimiento trashumante de generaciones de clones abducidos por la moda resulta patético, y evidencia la falta de criterio total y absoluto que tienen muchas personas sobre cómo les gustaría ir vestidos o decorados, al margen de lo que imponga una moda. Pero sobre todo, evidencia el vacío interior que sufren muchas personas, que no saben ni quiénes son, ni de dónde vienen, ni adónde van, y que necesitan sentirse parte de un grupo antropológico determinado, como si ser uno mismo no fuese ya suficiente. Personas tremendamente influenciables, que –a pesar de ello- se creen libres en sus elecciones, y cuya única presentación posible, a falta de algún rasgo interior que los defina, es la cantidad de agujeros y de tinta chorreada que llevan en sus cuerpos mortales.

En definitiva; que el tipo del programa tenía dos piercings y un tatuaje, y era el puto amo de la pista. Pero si usted es como yo, que ni llevo piercings, ni tatuajes, ni me he operado los glúteos para ponérmelos a la altura del cogote, pues que sepa que, en esta sociedad del bisturí, usted y yo no somos nadie.

47. EL VALOR DE LAS COSAS

Las cosas no tienen un valor por sí mismas; somos los seres humanos los que les otorgamos un determinado valor. Puede pensarse que ese valor se lo damos según la riqueza que pueda generar esa cosa en concreto, pero no es así. En realidad, le damos valor según su escasez. Así, por ejemplo, podemos decir que el oro vale mucho. ¿Por qué? Pues porque hay poco. Si hubiese oro hasta en los cubos de basura, el oro no valdría nada. Lo mismo le pasa al petróleo, al gas natural o a la inteligencia; que hay escasez. Dentro de muchos años, por ejemplo, el agua tendrá un valor incalculable, porque comenzará a escasear. Eso es así en el aspecto más tangible. Pero, ¿qué pasa en el ámbito más humano o espiritual? Pues tres cuartos de lo mismo.

Una de las cosas que más valoramos los seres humanos son las buenas parejas; esas parejas que le hacen sentir a uno una persona especial, único en el mundo. ¿Por qué valoramos las buenas parejas? Pues porque no hay. Encontrar una pareja que reúna unas condiciones mínimas es algo ciertamente difícil hoy en día. Lanzarse a la calle o a la discoteca del barrio para encontrar una buena pareja es algo semejante a montar una expedición para encontrar el tesoro de los Incas, es decir; una aventura perdida de antemano. Los que no pecan de una cosa, pecan de otra. O pecan de todo.

Todo esto viene a cuento porque el otro día, en un programa de televisión, el presentador y el entrevistado –dos hombres heterosexuales y sin ninguna relación amorosa de por medio- se dieron un beso en la boca. Luego, entre broma y broma, una de las invitadas se levantó y le dio un beso en la boca al presentador, pero con mayor efusión. No contenta con ello, se dio la vuelta y le dio otro beso en la boca al primer invitado. En definitiva, que todo el que estuviese de público en aquel programa corría el riesgo de ser besado en los morros en aquella orgía de besos sin fin. Pero, ¿dónde está la relación?, se preguntarán ustedes. Pues muy fácil. En este caso, todas las personas implicadas en la orgía besucadora otorgaban al beso en la boca un valor inferior al que ha tenido hasta hace unos años. Por eso, los besos en la boca hoy ya no se llaman besos, se llaman "picos", que es un modo de rebajar su valor o lo que el beso implica. Dar un beso en la boca antiguamente significaba cierto compromiso emocional, y por tanto tenía mucho valor. Hoy vas por la calle y, como te descuides, te da un beso en la boca hasta el frutero bigotudo del barrio. Y, entonces –se preguntarán ustedes- ¿a qué se le da el valor en este caso? Pues muy fácil: a la modernidad. Si le das un beso en la boca a un ser vivo hoy por hoy no significará que sientes nada especial hacia él, porque todo el mundo se da "picos" a diestro y siniestro. Pero sí significará que eres alguien moderno, que está al día, que no se corta en dar "picos" a hombres, mujeres o animales, que está a la última, es decir; al que todo se la suda un huevo.

En este sentido, las tetas antes, cuando no había, tenían un cierto valor. Ahora que ya hay tetas hasta en las tostadas del desayuno, ya no valen nada. Lo mismo nos sucede con los besos en la boca, o con las relaciones sexuales, que como hay tantas y con tantos ya no sabemos exactamente ni para qué nos valen.

48. ESPERA UN MILAGRO

En 1952, con 32 años, Vicente Ferrer llegó por primera vez a la India. Allí **empezó construyendo con sus manos un pequeño hospital, luego un colegio y después un pozo** tras otro, hasta que finalmente se puso a repartir trigo con un carro tirado por un par de bueyes. Sus métodos, sin embargo, empezaron a no gustar, tanto a la Compañía de Jesús —a la que pertenecía- como a las autoridades locales, que veían en él una amenaza a sus intereses. La publicación de un artículo en el Illustrated Weekly, el semanario de mayor difusión de India, bajo el título "La revolución silenciosa", fue el detonante para que en 1968 se dictara contra él una orden de expulsión, dándole 30 días para abandonar el país. Ante este hecho, se inició un movimiento campesino a su favor. A tan sólo dos días de que expirara el plazo fijado, más de 30.000 campesinos recorrieron los 250 kilómetros que separan Manmad de Mumbai para exigir al gobierno justicia. La expulsión fue paralizada por parte de Indira Gandhi, presidenta del país, quien dijo que Vicente Ferrer se iría de la India pero tan sólo de vacaciones y por un corto periodo.

Y así fue. Un año después, Vicente Ferrer regresaba a la India. A su regreso, sólo el gobernador de Andhra Pradesh, una de las zonas más pobres de la India, le permitió quedarse en su estado. Junto a seis voluntarios incondicionales, decidió instalarse en la región más pobre de ese estado: Anantapur. Allí, una organización protestante le dejó una pequeña casa en la que sólo había una mesa, una silla, una máquina de escribir y un mensaje en la pared que decía: «Espera un milagro».

En 1969, la Compañía de Jesús le ordena regresar a Europa, a lo que Vicente Ferrer se niega. Un año después, es expulsado de los jesuitas. Debido a ello, Vicente Ferrer, junto a su esposa Anne Perry, una periodista inglesa que había permanecido a su lado desde el conflicto de Manmad, decide crear Rural Development Trust, la organización que bajo su liderazgo contribuyó al desarrollo del distrito de Anantapur. Las cifras de esta organización hablan por sí solas: más de 2,5 millones de personas de 1.874 pueblos del distrito de Anantapur se benefician de sus proyectos. A lo largo de estos años se han construido 39.000 viviendas para las familias más desfavorecidas, tres hospitales generales, un centro de planificación familiar, un centro para enfermos terminales de sida y 14 clínicas rurales. Se han levantado 1.696 escuelas y 120 bibliotecas que educan a 158.000 alumnos de primaria y secundaria; además, cerca de 500 jóvenes más están preparándose para entrar en la universidad y otros tantos están cursando ya carreras universitarias. También ha creado un total de 1.300 centros especiales que cogen a 15.600 personas con distintas discapacidades, junto a 18 escuelas residenciales. También ha construido miles de pozos por todo el distrito y casi 2.300 embalses. Además, más de 70.000 mujeres se han unido en más de cuatro mil asociaciones para que puedan participar activamente en cualquier aspecto de la vida de su comunidad con los mismos derechos del hombre. Por supuesto, las sonrisas que ha provocado, no han podido ser calculadas todavía.

Por supuesto, no podemos afirmar si hay un Dios, pero si existe, Vicente Ferrer es –sin duda- un trocito de Él.

49. CANIBALISMO SOCIAL

Durante estas vacaciones de verano he asistido —directa o indirectamente- a unas cuantas situaciones curiosas que me gustaría compartir con ustedes. La primera de ellas sucedió hace un mes. Un hombre de unos cincuenta años intentaba aparcar su Peugeot 406 en la esquina de una calle donde había unas hermosas franjas amarillas que señalaban claramente que estaba prohibido aparcar. Como el coche era más grande que la esquina y había un coche situado justo detrás, le quedó el culo de fuera, invadiendo parte de la calzada. Me refiero al culo del coche, claro, porque el culo del hombre estaba a la altura de su cerebro. Ni corto ni perezoso, el tío se bajo del coche rascándose ciertas partes y comenzó a caminar hacia el súper. Entonces, una joven le llamó la atención amablemente pidiéndole que echara el coche un poco hacia delante, ya que ella no cabía con el suyo. El hombre comenzó a gritarle entonces que cómo era eso de que no cabía, que si no sabía conducir y lindezas por el estilo. Cabreado, subió al coche e intentó unas cuantas maniobras bastante bruscas, pero como no logró ajustar el coche al espacio, dio marcha atrás a toda leche y salió derrapando cagándose en todo el santoral.

Otro día, mientras estaba en la playa, comencé a escuchar una conversación que me resultó muy interesante. Un hombre estaba hablando con otro sobre el calor. Uno de ellos decía "entre la caló que hace, las pedalás que tengo que dar y las niñas que están mu buenas en biquini, tengo unos suores que mare mía". Lo mejor vino cuando levanté la cabeza y vi que el animal que profería semejantes mugidos no era otro que un policía municipal que hacía vigilancia de playas en bicicleta.

Otra situación que observé sucedió en un conocido centro comercial. Una señora se encontraba a la salida de la zona de los cajeros interrumpiendo el paso al resto de compradores. Al parecer, estaba buscando una moneda de un céntimo que se le había caído. Como la moneda no aparecía la muy cabrona, la mujer miraba al resto de clientes como si fuesen culpables de un presunto robo. Uno de los jóvenes intentó pasar entonces con su carrito para recoger su compra. En ese momento, la mujer le dio un empujón al carro y, en un perfecto francés, comenzó a insultar al joven, que se quedó perplejo por lo que estaba viendo. Ese mismo día, ya de madrugada, mientras estaba en el balcón de mi casa intentando refrescarme, comencé a escuchar un ruido sordo como de tormenta tropical. Los cristales comenzaron a vibrar y el vaso de agua comenzó a hacer circulitos como en Parque Jurásico, cuando se aproximaba el T-Rex. A los pocos minutos apareció un coche con dos treintañeros encebollaos y la música a toda pastilla. Mientras uno bajaba para sacar dinero del cajero, el otro aprovechaba para sacar otra cosa y dejar su firma en la pared de La Caixa.

Durante este verano se ha producido en nuestro país un hecho horrible y lamentable; la violación de menores por parte de un grupo también de menores. Durante esos días, los expertos y contertulios se preguntaban qué les pasa a los jóvenes de hoy, qué tipo de educación reciben esos jóvenes en los colegios e institutos. Sin embargo, todas las personas que he descrito en este artículo -y otras de igual catadura- superan con creces los 40 años. Lo que hay que preguntarse, por tanto, no es qué educación reciben los jóvenes en la escuela, sino qué tipo de ejemplos reciben de la sociedad. Ahí es donde radica el inicio de toda futura degeneración y del creciente canibalismo moral.

50. BURROCRACIA

La sanidad española está gravemente enferma. Eso, al menos, es lo que se desprende de los datos obtenidos en el último Índice de Consumidores de la Sanidad Europea elaborado por el centro de análisis Health Consumer Powerhouse con el apoyo de la Comisión Europea. Por segundo año consecutivo, la sanidad española está por debajo de la media en la lista europea, y obtiene una puntuación similar a la de muchos países del Este de Europa. Este Índice de Consumidores es una clasificación que se realiza todos los años y que evalúa los sistemas nacionales de Salud de los países de la Unión Europea -además de Islandia, Suiza, Noruega, Croacia, Albania y Macedonia- según los derechos del paciente, la información, los tiempos de espera para tratamientos comunes, los resultados de la atención médica, la generosidad del sistema, el acceso a los medicamentos y la implantación de Internet en la sanidad. En el resultado final, con 630 puntos de los 1.000 posibles, España se sitúa en el puesto 21 —perdiendo tres posiciones con respecto al año anterior-, por detrás de Hungría y muy lejos de Estados como Holanda -primero en la clasificación con 875 puntos-, Dinamarca, Islandia o Austria. Según palabras de los responsables de este informe, parece que en España "todavía es necesario acudir a la sanidad privada si los pacientes buscan la excelencia" y, a pesar de que reconocen que el acceso a las medicinas es "bastante bueno", recalcan que nuestro país "puntúa bajo incluso en categorías fáciles de mejorar", como el respeto a los derechos del paciente o la calidad de los servicios sanitarios on-line.

Aunque el informe pone de manifiesto la precariedad de nuestro sistema de salud, todos aquellos que hemos utilizado en alguna ocasión sus servicios le otorgaríamos, si cabe, una puntuación incluso más baja. La información on-line de nuestro sistema sanitario es prácticamente inexistente, el trato del personal —en muchas ocasiones- es semejante al que se podría recibir en Guantánamo, los tiempos de espera se miden en años luz, la dificultad de realizar las pruebas más cotidianas en un tiempo prudente provoca que se colapsen las salas de urgencia, las ambulancias llegan tarde, mal y arrastro, y, además de todos estos problemas, en los últimos años ha aumentado el porcentaje de pacientes extranjeros que realizan el llamado "turismo de salud", aprovechando la cobertura que les ofrece el sistema sanitario español y colapsándolo aún más. Y ahora, para más inri, la presidenta de la AISGE, doña Pilar Bardem, al más puro estilo de los asaltadores de caminos, pretende cobrar a los hospitales un canon por poner televisores en las habitaciones, para que los enfermos, además de jodidos, no puedan ni entretenerse.

Según parece, la sanidad pública de nuestro país funciona mal; sin embargo, la privada funciona bien. Y es curioso, porque muchos de los que trabajan en la sanidad privada también lo hacen en la pública. De esto se puede deducir que, al menos algunos, se esfuerzan más cuando su sueldo depende de la calidad que ofrezcan que cuando quien les paga es el Estado; es decir; aquellos que luego sufrimos su desidia. Pero, sobre todo, se puede detectar dónde radica el gran mal que azota nuestras administraciones de cabo a rabo; esto es: la cantidad indecente de gestores, directores y demás familia enchufada y "burrocratizada" cuya incapacidad e ineptitud hunde cada día más al sistema sanitario, al sistema educativo y a cualquier otro sistema que se les cruce en el camino.

51. CORRUPCIÓN CERO

Los partidos políticos no son corruptos; las que son corruptas son las personas. A veces, según la inclinación política de cada cual, se nos olvida fácilmente este aspecto. Si analizamos los escándalos de corrupción en la historia moderna de España —algo que daría para llenar la mismísima biblioteca de Alejandría- observaríamos que ha habido casos de corrupción en todos los partidos; de izquierdas, de derechas, de centro, nacionalistas e independientes. Sin embargo, lo que sí se puede afirmar con rotundidad es que los partidos políticos —y, en concreto, sus directivas- son los responsables directos de no controlar a quienes cobijándose bajo unas siglas buscan única y exclusivamente su propio beneficio económico.

Dice el famoso refrán que "en todas partes cuecen habas", pero eso no es más que un modo de enmascarar nuestra propia miseria. En España —como en todo el arco Mediterráneo-, la corrupción no es un hecho aislado; aquí, la picaresca, el robo encubierto, el aprovecharse del dinero público para lucrarse, es una cuestión de genética, algo puramente cultural. Frases como "yo también lo haría si pudiera", justificando a aquellos que aprovechando su estatus se forran a costa del dinero del Estado, lo he escuchado mil veces. Y ese, sin duda, es el sentir de muchos conciudadanos, ladrones en potencia que no se enriquecen porque no pueden. Y, por esa razón, la corrupción es percibida por la ciudadanía española como un mal menor, como algo que se da ya por hecho en todos los ámbitos de la administración. Sin embargo, esa permisividad social dice bastante poco en nuestro favor.

Hay un hecho innegable: todos los Estados necesitan dinero para poder progresar. Pues bien; a causa de todo ese dinero robado de las arcas públicas, de todos esos trapicheos mafiosos de gentuza sin escrúpulos, de todas esas comisiones, de todo ese tráfico de influencias, de todos esos sueldazos que hay que pagar a políticos ladrones o, sencillamente, incompetentes, se están dejando de realizar infinidad de mejoras en sanidad, en educación o en infraestructuras. Por culpa de políticos, constructores, banqueros y empresarios corruptos, mafiosos, estafadores y explotadores — los que están saliendo y los muchos que aún quedan por salir-, muchos ciudadanos no pueden acceder a una vivienda; muchos ciudadanos se ven obligados a trabajar 10 horas por un miserable sueldo de 800 euros; muchos ciudadanos tienen que acudir a organizaciones no gubernamentales para poder vestirse o alimentarse.

Parece que robar el dinero de uno es más delito que robar el dinero de todos, pero no es así. Una parte importante de políticos, de empresarios, de banqueros y de constructores nos han estado robando sistemáticamente desde hace décadas, y ahora deben pagar por ello. No es de recibo seguir manteniendo a toda esta gentuza, ni es aceptable que sean las clases medias las que paguen los excesos de otros a base de subidas de impuestos y de rebajas salariales. Contra la corrupción no debe existir tolerancia alguna, porque la riqueza de los corruptos se ha forjado a base del sudor, los madrugones y el hambre de todos nosotros.

52. FELIZ 2010

Desde hace ya varios años vengo llamando la atención sobre lo que podría considerarse una degeneración o involución en la especie humana, aspecto muchísimo más grave que el propio cambio climático y para el que los presidentes de los distintos países ni siquiera dedican una convención. A mi juicio, y como ya he señalado en otras muchas ocasiones, los seres humanos —especialmente los de los países desarrollados- sufren una atrofia en su comportamiento; una atrofia causada por una incultura galopante, una deformidad en su capacidad de comunicación y, quizá, por la falta de necesidades reales a las que atender, a pesar de la tan famosa crisis económica. Este fenómeno es especialmente llamativo en nuestro país, un país que, como ya sabemos, es proclive históricamente a los excesos. Hay, en cambio, quien señala que, todos aquellos que criticamos a los jóvenes de hoy con tanta vehemencia o que decimos que la sociedad de hoy está corrompida y que carece de valores, no somos más que agoreros o clasistas o algo peor. Pero para muestra, sólo hace falta un botón.

En la comunidad de Madrid -esa hermosa ciudad, capital del reino, donde las prostitutas pasean frente al Congreso en perfecta hermandad con sus señorías- la Nochevieja de este año 2009 ha registrado un 86% más de intoxicaciones etílicas que la Nochevieja del año anterior; de 181 a 338. Además, se han contabilizado un 43% más de peleas y reyertas que en la misma fecha del año pasado. En lo que respecta a los atentados contra los elementos de la vía pública —esos que pagamos todos los ciudadanos- se recibieron 132 avisos por incendios, sobre todo de contenedores, lo que representa un incremento del 18% respecto a la Nochevieja del 2008. En resumen; desde que cayó la famosa bola del reloj de la Puerta del Sol -la medianoche- y las nueve de la mañana del 1 de Enero fueron atendidos por los servicios de emergencias de la comunidad de Madrid un total de 3.827 avisos; siete avisos por minuto, o lo que es lo mismo, uno cada ocho segundos y medio, lo que supone un aumento del 8% respecto a los avisos recogidos en las mismas fechas del año pasado. Lo bueno que tienen las ciencias exactas es precisamente eso; que son exactas. Después, cada uno puede hacer los juicios que quiera, pero, al final, sólo hay que recoger el número de disputas callejeras, de hurtos, las violaciones entre menores, las muertes por violencia de género, las peleas, los robos, los atentados contra los bienes públicos, las agresiones a médicos y profesores, el consumo de drogas en menores, etc., para darse cuenta de que en la mayoría de los datos podemos apreciar un ligero aumento gradual cada año.

Sin duda ninguna, en este aumento de la degeneración del individuo tiene mucho que ver la educación, pero no esa educación institucional de los centros educativos, sino la educación en las familias y la educación que ofrecemos como pueblo, ciudad, país o sociedad. Por eso, yo les recomiendo a todos que en vez de tanta Play, Wii o DS, les pidamos a los queridos Reyes Magos de Oriente que para este año nos traigan un poquito más de cordura, un poco más de educación y, sobre todo, unos cuantos valores, porque, en realidad, nos hacen muchísima falta. Feliz 2010.

53. EL PODER DEL VIENTO

Gracias al programa "21 días" de la Cadena 4 pudimos conocer la vida de Marlene, una mujer de 35 años que trabaja en una mina de estaño de Bolivia. El reportaje fue tan impactante que después de la emisión del mismo la cadena recibió una cantidad enorme de llamadas para pedir información sobre cómo poder ayudar económicamente a esa mujer. Por si ustedes no lo vieron, les resumo el contenido del reportaje.

Marlene es una mujer separada que tiene cinco hijos. Su marido, alcohólico de profesión, trabajaba en la mina de Morococala en Bolivia; una mina con cien años de antigüedad que sufre graves deficiencias en su estructura y en la que ya han muerto decenas de mineros. Debido al abandono sufrido por parte de su marido, Marlene solicitó al comité de trabajadores poder trabajar en la mina para ganarse un jornal –apenas unos cien euros al mes- y poder sacar a sus hijos adelante. Gracias a la aprobación del comité, Marlene se convirtió en la primera mujer en trabajar en el interior de la mina.

Marlene se levanta a las seis de la mañana, despierta a sus hijos y los prepara para ir al colegio. Para ella, la educación es muy importante, ya que es el único medio para salir de la miseria. Después de recorrer media hora de subida, llega a la mina, a unos 4000 metros de altura. Allí se introduce por espacios en los que apenas cabe una persona, atravesando galerías que están al borde del derrumbe, hasta que llega a su parcela de extracción, a unos 80 metros de profundidad, con la única protección de un casco con una pequeña linterna en el frontal. La oscuridad y el silencio allí son casi absolutos. Después de trabajar doce horas, sale de la mina y se dirige de nuevo a su casa para realizar las tareas domésticas. De vez en cuando, recibe por las noches la visita de su ex marido, que —completamente borracho- aúlla como un perro entre los ventanales para pedirle dinero. En una ocasión, el hombre intentó quemar la casa con los hijos dentro. La visión del reportaje pone los pelos de punta, especialmente por la calidad humana de Marlene, que —mientras relata su vida- llora de vergüenza porque una vez tuvo que robar para comer. Pero lo más dramático es oír de su propia voz que nunca ha sido feliz, que no sabe lo qué es eso. Lo más parecido a la felicidad es un día al mes en que toda la familia baja a la ciudad más cercana para poder ducharse durante una hora, ya que en el pueblo no hay agua.

Por desgracia, y a pesar del impacto de las imágenes, la situación de esta mujer es igual o incluso mejor que la que sufre más de la mitad de la población mundial. Y mientras ellos sufren esa miseria eterna en sus bocas y en sus huesos, los gobiernos mundiales se gastan enormes fortunas en convenciones para hablar sobre cómo atajar el hambre en el mundo. Algo que podría resultar esperpéntico si no fuese tan cruel. De hecho, si los gobiernos destinasen los millones de euros que gastan en esas cumbres a los más necesitados, la mitad del hambre en el mundo podría acabarse. Dada su negligencia, da incluso la impresión de que gracias al hambre de unos comen los otros.

Dice el filósofo **Zapatero** que el mundo no es de nadie, sino del viento. Pero no es cierto; el mundo es de ellos, de quienes ostentan el poder político y económico. Lo que es del viento son las palabras de los políticos y todas sus fingidas promesas.

54. EL ROSTRO DE LA COSTUMBRE

Las calles de Puerto Príncipe están sembradas de cadáveres. Los cuerpos de los muertos por el seísmo en Haití se acumulan en calles y aceras, como si de simples trozos de carne se tratara. Cuerpos sin nombre y sin historia, amontonados al azar unos encima de otros. Es lo bueno que tienen los países pobres; que las muertes siempre son anónimas.

Todos los gobiernos internacionales se han puesto manos a la obra. El impacto del seísmo ha sido de tal magnitud que todos se apresuran a quedar bien frente a las cámaras y mostrar lo humanos que son; casi doscientos mil muertos, trescientos mil heridos, un millón de personas sin hogar, sin comida y sin agua, durmiendo a la intemperie junto a los cadáveres en descomposición. Sin embargo, las ayudas llegan con cuenta gotas. Se hace casi imposible realizar el reparto de comida por culpa de los saqueos constantes. En el mercado de Hyppolite, un policía mata de un disparo en la cabeza a un ladrón que había entrado a saquear en el local. Muerto en el suelo, otros ladrones aprovechan para llevarse su bolsa. En otro barrio, un grupo de personas apalea hasta la muerte a otro ladrón. Después, le prenden fuego. Sin embargo, no hay ira en sus ojos. Lo más curioso es que muchos de los ladrones no roban comida ni agua; roban televisores. Algunos aprovechan para violar a niñas que duermen en la calle, lo que demuestra una vez más que incluso en las tragedias más brutales, el ser humano puede resultar el mayor peligro.

Haití se muere de miseria desde hace años, pero basta tan sólo una noticia trágica en las pantallas de todos los televisores del mundo para que los gobiernos de todos los países se echen la mano al bolsillo para contribuir económicamente con su ayuda. Pero Haití, al margen del terremoto sufrido, sigue siendo lo que era; un país en el que el 80% de la población vive bajo el umbral de la pobreza. Esa situación de pobreza que padecen ciertos países, en infinidad de ocasiones, es la consecuencia del desgobierno que sufren, de las guerras internas continuas o de las dictaduras que se suceden. Por eso, y como ya he señalado en otras ocasiones, si tenemos en cuenta que la miseria que sufren algunos países no es producto de la falta de recursos sino de su política interior, la solución para estos países no es la ayuda humanitaria — eso es tan solo una parte-; la solución pasa por la intervención internacional en la política interior, con apoyo militar por parte de la ONU. De no ser así, dentro de 20 años, Haití y países que comparten una historia semejante seguirán padeciendo la misma miseria que sufren en la actualidad. Ofrecer tan solo ayuda humanitaria es como ayudar cuando están muertos y dejarlos morir cuando están vivos.

Si uno observa detenidamente las imágenes que nos ofrecen las distintas televisiones, podrá comprobar que en los rostros de los supervivientes apenas se ven signos de confusión o de incredulidad. Al contrario; muchos de ellos caminan entre los cadáveres como si tal cosa. No tienen cara de incredulidad, sino de costumbre; se han acostumbrado a la tragedia. Y esa es, sin duda, la peor hambre que puede sufrir un ser humano o un pueblo; la costumbre a la desesperanza. Eso es lo que los gobiernos del mundo deben solucionar.

55. VIVIENDO EN PANDORA

No me ha gustado la película "Avatar"; qué le vamos a hacer. A lo mejor es que no tenía el día, o a lo mejor es que me recordó a "Bailando con lobos" o a "Pocahontas" pero sin tantos bichos. La historia en sí es muy parecida a tantas otras; una crítica social bastante típica plagada de demasiados tópicos donde el ser humano es presentado como el mayor depredador de la naturaleza y donde lo más impactante son los efectos especiales muy por encima del guión. Y es que para coser un guión sobre la diversidad de debilidades del ser humano hay que hilar muy fino. En este sentido, el guión de la película "Crash", de Paul Haggis, es incomparablemente superior, lo que pasa es que muchas veces preferimos películas como "Avatar" que nos permiten salvaguardar nuestra conciencia que aquellas como "Crash" que nos crean verdaderos conflictos internos. De todos modos, **James Cameron** es un auténtico maestro del cine y del aspecto comercial del mismo, y la grabación en tres dimensiones es un acierto espectacular. Aún así, me quedo con "Titanic".

Hay muchas personas que definen "Avartar" como una obra maestra. Muchas personas han ido a ver la película dos, tres e incluso cuatro y cinco veces seguidas. Otros muchos seguidores de este nuevo fenómeno social han escrito en blogs y redes sociales que, tras la visión de la película, sufren de depresión porque les gustaría vivir permanentemente en Pandora, ese lugar maravilloso y casi mágico donde las plantas brillan como luces de neón.

El ser humano es, sin duda, un ser curioso. Sinceramente, creo que tener una depresión después de ver una película es un lujo excesivo. Por otra parte, resulta curioso que muchas personas ensalcen los valores que nos muestra la película —el amor, el respeto por la naturaleza, la conexión con nuestros semejantes, el honor- y luego en sus vidas cotidianas sean unos auténticos borregos que se esclavizan con la moda de turno, o que prefieren las relaciones liberales antes que el compromiso, o que llenan de mierda las playas después de hacer botellón. Y también resulta curioso comprobar cómo los seres humanos de la actualidad adoran la naturaleza o el amor o las relaciones entre semejantes y, después de llorar a moco tendido viendo una película, se vuelven a casa para jugar tres horas seguidas a la Play sin hacerle caso siquiera a la persona que tienen al lado.

Los amaneceres, los atardeceres, los anocheceres, el sol, la luna, las plantas, los animales de nuestro planeta Tierra son semejantes a las que aparecen en Pandora. En realidad, los seres humanos vivimos en Pandora —ese lugar mágico donde todos los seres vivos están conectados entre sí-, sólo que no sabemos apreciarlo. Hemos sido nosotros mismos los que hemos creado este modo de vivir tan absurdo, donde los amaneceres en una pantalla de cine son más hermosos que en la orilla de una playa. Nos encantan esas películas tipo "El señor de los anillos" o "Avatar" donde todo es mágico y donde se ensalzan los valores más importantes de la vida, pero no sabemos ver lo mágico que hay en nuestras vidas ni salimos a la calle para gritarle al mundo que queremos un mundo mejor. Y es que lloramos por ser "avatares" pero ni siquiera sabemos ser seres humanos.

56. GORDAS CIGARRAS

Cuenta la fábula de la cigarra y la hormiga que, mientras la cigarra se lo pasaba bomba tirado a la bartola admirando la cantidad de comida que había su alrededor sin mover ni un solo dedo, la hormiga trabajaba sin descanso para llenar su despensa a la espera de que llegase el frío invierno. Y, cómo no podía ser de otro modo, el frío invierno llegó. Entonces, mientras la pobre y estúpida cigarra se moría de hambre y de frío, la hormiga disfrutaba de su gran despensa al abrigo de su cuevita.

Pues bien; en la cuevita del estado español no hay dinero suficiente. Así como lo oyen. Todo lo que teníamos se ha evaporado en un año y medio, lo que significa que alguien no ha hecho bien los deberes. Las cuentas de la Seguridad Social han arrojado este año un saldo positivo, sin embargo, el superávit se ha reducido en un 41% respecto al año anterior. Así las cosas, el Gobierno español se ha dado cuenta de que no puede seguir negando la realidad con palabras huecas y se ha puesto manos a la obra. Para poder llenar la cuevita otra vez, una de las medidas que se propone el Gobierno es aumentar la edad de jubilación de los 65 hasta los 67 años. Eso se debe principalmente a que, dentro de cuatro décadas, los mayores de 64 años representarán el 31% de la población, y, con los pocos trabajadores que quedarán en edad de trabajar, no se puede asegurar el sistema de pensiones. Según estos datos, podría dar la impresión de que los españoles no queremos procrear, pero no es cierto. La realidad es que en España los sueldos son tan miserables que a ver quién es el guapo que se atreve a tener dos o tres churumbeles, y, además, mientras en otros países de Europa la baja maternal para criar a un hijo puede llegar al año completo, en España la baja es de cuatro ridículos meses.

Durante décadas de riqueza, el estado español ha recaudado millones y millones de euros a través de impuestos directos e indirectos, así como de las exageradas retenciones fiscales. Sin saber cómo, ahora nuestros gobernantes nos dicen que todo ese dinero no está, se ha esfumado. Como siempre, su inutilidad como gestores la pagaremos todos los españoles con dos años más de trabajo a nuestras espaldas. Pero lo más curioso del asunto es que sea precisamente el Partido Socialista el que proponga esta medida, el mismo partido que se jacta de hacer una política social o de defender a los trabajadores, cuando lo único que ha hecho ha sido despilfarrar el dinero público en medidas absurdas y no atreverse ni un solo momento a gravar a las grandes fortunas o a las grandes empresas, sino a las nóminas de los trabajadores asalariados y de los autónomos.

Visto lo visto, el problema de España no son los sueldos de los funcionarios ni el gasto en infraestructuras, sino el sueldo que hay que pagarles a nuestros políticos, muchos de los cuales pueden jubilarse con 40 años y a los que hay que mantener sin dar palo al agua toda la vida. Si sumamos los sueldos y las pensiones que cobran los ministros, los diputados, los presidentes de las comunidades autónomas, sus consejeros, los alcaldes, los concejales y todos los cargos políticos intermedios de este país, podríamos ver hasta qué punto suponen un auténtico agujero negro para nuestra economía, mucho más si tenemos en cuenta que gracias a ellos ocupamos los puestos más bajos en educación, sanidad o economía de todo el mundo. Y es que en los sillones de nuestras instituciones sobran demasiadas cigarras; inútiles y gordas cigarras que ahora llaman llenas de frío y de hambre a las puertas de nuestras pequeñas cuevitas de hormiga.

57. EL TONTO QUE MIRA EL DEDO

El ser humano tiene una capacidad extraordinaria —casi mágica- para echarle la culpa de lo que sucede a otras cosas o a los demás, con tal de librarse él mismo de la responsabilidad de sus propios actos. Hace unas semanas, una madre denunciaba en varios programas de televisión el acoso que estaba sufriendo su hija de 15 años por parte de un hombre adulto. Según parece, la menor le había enseñado los pechos a dicho hombre a través de la webcam a cambio de que le recargase el teléfono móvil. Después de aquello, el hombre comenzó a recargarle el móvil de manera habitual a cambio de sus posados desnuda. En un momento en que la menor quiso terminar con aquella situación, el hombre la amenazó con publicar sus fotos desnuda en la web si no seguía desnudándose para él. La madre y todos los contertulios —aplaudidos por el público en general-, coincidieron felizmente en criminalizar a las redes sociales y a Internet, mostrándoles a la madre y a la joven todo su apoyo. Curiosamente, ninguno de los allí presentes pareció escandalizarse por el hecho de que una persona de 15 años en plenas facultades mentales le enseñase las tetas por Internet a un desconocido a cambio de dinero, algo más propio de un acto de prostitución que de una relación interpersonal.

Tanto las redes sociales como Internet son dos herramientas magníficas puestas a disposición de los individuos. El uso que cada uno quiera darles es algo muy particular. Cuando alguien decide abrirse una cuenta en "Facebook", por ejemplo, y su perfil está relacionado con el interés por el jazz, mostrando sus atributos tocando la trompeta en un vídeo, es raro que reciba correos de personas interesadas en cómo se corta un jamón ibérico.

Del mismo modo, cuando chicas y chicos publican sus fotos ligeros de ropa, con poses sugerentes, mostrándose insinuantes ante la cámara, están definiendo su perfil, y su perfil no es el de una persona preocupada por la filosofía oriental, sino el de personas que quieren exhibirse públicamente, que muestran sus atributos físicos y que buscan gustar y ser apetecibles sexualmente para los demás. Y lo digo porque es absolutamente injusto que ante casos como este se diga que es porque los menores están indefensos, cuando en realidad hay miles de jóvenes a los que no les sucede nada semejante porque no juegan en la red a ser portadas de Interviú.

Cualquier persona de 15 años está suficientemente capacitada para distinguir entre el bien y el mal, y también para conocer la repercusión que pueden tener sus actos. Son jóvenes, pero no estúpidos. En el caso de esta menor —y otros de igual similitud- es totalmente denunciable la extorsión del adulto, pero resulta absolutamente despreciable la catadura moral de la menor. Lo malo del asunto es que esta absurda sociedad que ha desterrado la autoridad y la moralidad, ese enjambre de padres que han maleducado a sus hijos, esos gobernantes y pedagogos que han llenado de derechos a los jóvenes y les han quitado todos los deberes, todos ellos -culpables todos-, ahora se llevan las manos a la cabeza y, en vez de sorprenderse porque una menor sea capaz de enseñarle las tetas a un desconocido, criminalizan a las redes sociales, a las películas o a la televisión de la forma de actuar de los jóvenes.

Dicen que cuando el dedo apunta al cielo, el tonto mira al dedo. Y por eso, en vez de recuperar valores dilapidados, los tontos siguen mirando el dedo como gilipollas buscando culpables. Eso sí, siempre que el dedo no nos señale a nosotros mismos.

58. DÍA DE LA MADRE

Cuando era pequeño y me ponía enfermo, mi madre me despertaba cuidadosamente, me daba una taza de Cola-Cao con galletas, me tocaba la frente para ver si tenía fiebre y, después de desayunar, me traía un cómic de Mortadelo y Filemón y me encendía una radio pequeña de color naranja que colocaba en mi mesilla para que estuviese entretenido. A pesar de la fiebre y del malestar, aquellos días de catarros y resfriados infantiles eran días felices; allí, abrigado bajo las sábanas, con el cómic de Mortadelo y la sensación de estar absolutamente protegido por los cuidados y las caricias de mi madre, rondando por mi habitación cada dos por tres para ver cómo me encontraba.

Mi madre nunca trabajó fuera de casa. Como mi madre, millones de mujeres de generaciones anteriores trabajaron en sus casas, realizando las tareas propias del hogar y educando a los hijos. Hoy en día, muchas personas aseguran que las mujeres de entonces no tuvieron una vida plena, que se vieron "forzadas" a realizar su función de amas de casa para cumplir con el rol social que imponía el machismo imperante de la época. Y puede que sea cierto. Sin embargo, el rol social de la mujer en la actualidad es igual de intolerante; antes, la mujer, para ser considerada socialmente como una buena mujer, se veía obligada a quedarse en casa y hoy, en cambio, para ser considerada una mujer actual, la mujer se ve obligada a trabajar fuera de casa. Esta idea es tan beligerante que si una mujer actualmente decide renunciar a su trabajo voluntariamente para cuidar de sus hijos porque considera que es lo mejor para ellos, todos la califican como una pobre mujer afectada por el virus del machismo, como una mujer incompleta o, lo que es más insultante, como una mantenida. Respeto y admiro profundamente a todas aquellas mujeres que son grandes profesionales fuera de su casa, pero eso no las hace ni mejores madres ni, por supuesto, mejores mujeres que mi madre.

Al margen de estas cuestiones, lo que parece claro es que hoy por hoy casi no hay madres. Hay mujeres, pero no madres. Las guarderías están plagadas de niños entristecidos en cuanto cumplen los cuatro meses o menos. Muchas madres que ni siquiera trabajan los llevan a las guarderías para que se pasen allí siete horas al día, para que las cuidadoras les den de comer, para que les den el desayuno y para que les cambien el culo. Incluso hay madres y padres que dejan a sus hijos en guarderías en periodos vacacionales, mientras ellos compran cómodamente por los centros comerciales o se van a tomar unas cañas. Dicen que es para que los niños se socialicen, pero yo creo que es para que algunos padres tengan tiempo a socializarse. Y es que si ya es triste perderse los primeros pasos de un hijo o sus primeras palabras por culpa del trabajo, hacerlo voluntariamente es un acto que no tiene calificativo.

Antes, es verdad, las manos de nuestras madres olían a lejía, a productos de limpieza y eran ásperas como la lija. Hoy, en cambio, las manos de las madres huelen a crema anti-envejecimiento y a tiempo libre. Han mejorado en olor y en textura, pero han perdido en caricias, en ternura y en cariño. Por eso, para todas aquellas madres de entonces y para las que aún quedan, feliz día.

59. LA DICTADURA DEL INDIVIDUALISMO

Mi padre es un gran contador de historias populares. Cuando nos reunimos en familia, siempre nos cuenta alguna. Una de ellas trata de una mujer que, tras ser víctima de un atraco, va ante el juez a pedir justicia. Para tener una idea de los hechos, el juez manda a llamar a un testigo del suceso. El hombre afirma que, efectivamente, el ladrón había robado a la señora. El juez entonces le pregunta que, frente a aquel suceso, por qué no había hecho nada, a lo que el testigo responde que se encontraba solo. El juez entonces llama a otro testigo, que también confirma lo sucedido. El juez le pregunta entonces que, ante aquel suceso, por qué no había hecho nada, a lo que el hombre responde que se encontraba solo. Así hasta un total de diez personas, todas ellas ratificando lo sucedido y justificando que no habían hecho nada porque se encontraban solos.

Hace unas semanas, **Hugo Alfredo Tale-Yax**, un vagabundo de 31 años, moría desangrado en mitad de una calle de Queens, Nueva York, a causa de las múltiples puñaladas recibidas a manos de un individuo. Según se puede apreciar en las imágenes de una cámara de seguridad, Hugo Alfredo salió en defensa de una mujer que estaba siendo perseguida por un individuo. Cuando Hugo Alfredo alcanza al delincuente, se produce un forcejeo. Unos minutos después, el atacante sale corriendo mientras que la mujer sale en dirección contraria. Hugo Alfredo persigue al atacante, pero inmediatamente se desploma y queda tendido boca abajo en la acera, envuelto en un charco de sangre, y allí permanece una hora y veinte minutos hasta que llegan los bomberos. La Policía de Nueva York constata que recibió una llamada alertando de lo sucedido en el momento del ataque, y otras tres en momentos posteriores señalando que habían oído los gritos de una mujer. Lo más curioso y aterrador del caso es que, durante esa hora y veinte minutos que Hugo Alfredo estuvo agonizando en la calle, alrededor de 25 personas pasaron por su lado sin que ninguna de ellas se parase a prestarle ayuda, excepto un hombre que pareció interesarse por su estado pero que, al ver la sangre, decidió seguir su camino. Incluso uno de los transeúntes se detuvo para tomar fotografías con su teléfono móvil. Una mujer que vive en la zona, al ser preguntada por lo sucedido, decía que "le podrían haber salvado" con solo llamar al 911, y se preguntaba "¿cómo se puede ser tan insensible?". Y la respuesta está en el cuento que me contaba mi padre; todos los que pasaban por allí estaban solos.

Es cierto; nos hemos deshumanizado, y ya nadie se implica en nada que no tenga que ver con uno mismo. Nos hemos acostumbrado a ver mendigos en las calles, peleas, refriegas, y no queremos saber nada de ello. La sociedad, entendida como un grupo de individuos que cooperan en el bien de la comunidad, ha muerto. Y, para aquellos ilusos que consideran que intervenir en situaciones semejantes es lo honesto, la ley les recuerda que están solos, que nadie les va a echar una mano cuando los delincuentes salgan a los dos días de la cárcel buscando venganza.

Hugo Alfredo Tale-Yax era un vagabundo que dio su vida por otro semejante. Nosotros, a él, en cambio, ni siquiera le hubiésemos bajado una mísera manta.

60. RAZONES DEL PASADO

Durante esta semana, muchos han sido los que han expuesto sus razones para secundar o no la huelga de funcionarios. Los que no han acudido a la huelga, por lo general, esgrimen varias razones; unos dicen que los sindicatos son unos "vendidos" y que no han hecho nada hasta ahora, lo cual no deja de ser cierto; otros dicen que esta huelga no servirá para nada, lo cual también parece cierto excepto que los funcionarios se pongan de huelga una semanita para que el gobierno compruebe si —con su ausencia- los funcionarios son o no importantes para el buen funcionamiento del país; otros dicen que, al secundar la huelga, lo único que se iba a conseguir es que el estado se ahorrase un buen dinerito, lo cual también parece cierto; y otros señalan que ese dinero que les descontarían de la nómina por hacer huelga lo necesitan para llegar a fin de mes, algo increíblemente curioso, ya que el gobierno les va a quitar, entre sueldo base y extraordinarias, miles de euros más a lo largo del año.

Por la otra parte, los que hemos acudido a la huelga creemos que, a pesar de que algunas de las razones anteriormente expuestas puedan ser ciertas, el gobierno actual ha decidido cargar sobre los trabajadores su mala gestión económica y política, y—con esta huelga- mostramos nuestra repulsa. Tras las cifras del seguimiento, está claro que no servirá para nada, pero no deja de ser un poco triste comprobar la falta de unión y la sumisión de los funcionarios, lo cual demuestra en parte que están relativamente contentos con la bajada de su sueldo. Así que todo lo que les pueda venir encima a partir de ahora se supone que lo aceptarán con alegría. En fin. Sin embargo, al margen de todas las razones anteriores sobre si apoyar o no la huelga, para mí hay algo más.

Hace unos cien años, mi bisabuelo materno tomó un barco en el puerto de Vigo y emigró a Nueva York para buscar una vida mejor. En esos años, España vivía sumida en la más absoluta miseria. Durante su estancia en EEUU, mi bisabuelo enviaba periódicamente dinero a España para que su mujer y sus hijos pudiesen adquirir alimentos que, de otro modo, sería imposible. Algunos años después, hace aproximadamente unos sesenta años, mi abuelo paterno también tuvo que emigrar a Estados Unidos para poder ofrecer algo mejor a su mujer y sus hijos. Aquellos también fueron años difíciles, con una absurda y vergonzosa guerra civil de por medio que aún empobreció más la situación de muchas familias. Mi padre, por su parte, comenzó a trabajar con doce años en una herrería y se jubiló con sesenta y siete. Yo fui testigo directo de cómo se levantaba todos los días a las seis y media de la mañana y regresaba a las ocho o nueve de la noche. Como tantos otros millones de personas, mi bisabuelo, mi abuelo o mi padre contribuyeron con su sudor y sus años de sufrimiento y escasez a que este país llamado España dejase de ser un pequeño estercolero para que hoy sea un país con las mejoras sociales y salariales que tenemos. Como la mayoría de los ciudadanos españoles, ellos no han generado ninguna crisis, al contrario; han trabajado día y noche para el bien de su familia, de sus hijos y, por supuesto, del estado, que bastante dinero les quitó a base de impuestos. Por eso, cuando veo por televisión a **Leire Pajín** o a **Zapatero** riéndose en los pasillos del Congreso –no me importa de qué- tengo la sensación de que se están riendo de las miserias de mi abuelo, del sacrificio de mi padre, de los cuatro millones de parados, de los niños sin beca, de los que van a Cáritas a coger ropa y, en definitiva, de todos nosotros. Porque la realidad, la pura y triste realidad, es que en vez de meterle mano a los grandes lobbies económicos en su momento, de vigilar las cuentas de los grandes bancos, de perseguir la especulación, han preferido meterles la mano en el bolsillo a los trabajadores, que son las víctimas más fáciles.

Por todo ello, con mi apoyo a la huelga, lo que quiero expresar no es mi descontento porque me roben más o menos dinero de mi nómina, sino que muestro mi más absoluto desprecio a que cuatro miserables hundan un país, tiren por tierra todo el esfuerzo y el sacrificio de nuestros antepasados y entierren –mientras sonríen- el futuro de nuestros hijos.

61. OPERACIÓN MOMOTOMBO

Este fin de semana pasado se estrenó en Antena 3 el reality de televisión "Operación Momotombo", una adaptación de un formato francés de televisión. En el programa, cinco jóvenes españoles de entre 18 y 22 años absolutamente descontrolados son enviados a una de las zonas más pobres de Nicaragua para trabajar durante 20 días como voluntarios para construir un comedor en una escuela. Para cumplir con su misión, los participantes deben respetar unas normas de convivencia y vivir sin las comodidades a las que están acostumbrados. Por supuesto, no hay ni que decir que a los jóvenes se la suda completamente lo del comedor y lo de los niños pobres, ya que solo pueden ver su ombligo, que es tan grande que les nubla los ojos. Se entiende que el objetivo del programa es que los jóvenes valoren la suerte que tienen por haber nacido en un país desarrollado, reconduzcan su actitud egoísta y violenta y se vuelvan personas de provecho, aunque sea con veinte años de retraso.

Al inicio del programa, los jóvenes son presentados a través de distintas imágenes en su vida cotidiana. Por supuesto, casi todos fuman porros, insultan a sus padres y, en ocasiones, les agreden. Cuando los jóvenes llegan a Nicaragua, surgen los primeros conflictos -ya que están acostumbrados a hacer lo que les sale del bolo-, y se encuentran con una habitación común en la que no funcionan los enchufes para poder conectar sus ordenadores y sus MP3, algo realmente terrible. Como no podía ser de otra manera, la comida no les gusta, y agachar la espalda para coger una pala para sacar tierra, muchísimo menos. Cuando se encuentran con los trabajadores a los que tienen que ayudar para hacer el comedor, y después de llegar una hora tarde, no solo no se disculpan sino que se descojonan abiertamente, sin el más mínimo pudor, definiéndose con ello a la perfección.

Para nuestra desgracia, estos jóvenes son un reflejo de una parte importante de la juventud que deambula hoy en día por nuestro país; vagos, porreros, egoístas y agresivos. Evidentemente, estos jóvenes son responsables de sus actitudes, ya que a los veinte años uno debería saber ya utilizar los dos hemisferios del cerebro. Comprobando su actitud, y con el mero hecho de que un hijo insulte o agreda a sus padres de manera habitual, uno se da cuenta de que algo falla en esas cabezas, pero también en la educación que reciben, y no me refiero a la que se les transmite en los institutos y escuelas, sino a la que transmiten los padres y la sociedad en general. El mejor ejemplo de la educación actual es el de uno de los padres del programa, que regaló a su hija de diecinueve años ni más ni menos que un Audi A3. Poco más se puede decir.

Todavía no sabemos cómo va a acabar el asunto del comedor, sin embargo, me quedo con dos reflexiones de varios de los jóvenes ya el primer día de su estancia en Nicaragua. Mientras los jóvenes españoles estaban compartiendo un baño en una charca con un grupo de chicos y chicas nicaragüenses, una de las chicas españolas les decía que en España no veía respeto entre las personas, que la gente se insultaba y se faltaba al respeto de manera habitual. La otra reflexión procedía de otra chica, que afirmaba que no tenía nada que hacer en la vida porque se lo habían dado todo hecho. Dos reflexiones que bien valen por todo un compendio de expertos sobre educación en España. A tomar nota.

62. EL JUEGO DE TU VIDA

Durante este verano, entre los placeres nocturnos de la ociosidad, me he enganchado al programa de televisión "El juego de tu vida". En este concurso de Tele 5 los concursantes deben ir superando varios bloques de preguntas pertenecientes al ámbito más privado de sus vidas para conseguir una cantidad determinada de dinero, que, de superar todos los bloques, llegaría a cien mil euros. Previamente, el concursante ha debido responder a doscientas preguntas personales a las que solo puede responder sí o no frente a un polígrafo que recogerá si el concursante está mintiendo o dice la verdad, resultado del que, lógicamente, no se le informa. Ya durante el programa, y acompañado por personas cercanas que —en la mayoría de los casos- desconocen esa cara oculta, el concursante debe responder a veintiuna de esas doscientas preguntas sin mentir. En resumen, un innovador formato televisivo para descubrir las miserias más ocultas de las personas.

Como cabría esperar, la vida de los participantes es, cuando menos, curiosa, cuando no abiertamente escabrosa. Las infidelidades y los cuernos campan a sus anchas por sus vidas sin que sus parejas lo sepan, los conflictos económicos, las rencillas entre hermanos, padres y demás familia es algo también habitual. Por ejemplo, a una de las concursantes se le preguntaba si, a pesar de estar casada, no le era infiel a su marido por falta de oportunidades, a lo que la mujer respondió que sí. Otra mujer pensaba continuamente en ponerle la cornamenta a su marido con un ex novio. Otra concursante reconocía que no sabía si el hijo que tenía era de su marido. Un engendro, ya que no la sabría definir de otro modo, reconocía que ya no recordaba el número de veces que había abortado. En otro caso, un concursante reconocía que le había sido infiel a su mujer en más de treinta ocasiones, algo realmente asombroso teniendo en cuenta la limitada belleza del personaje. En un momento del concurso, la presentadora le pidió al hijo de éste que le dijese algo a su padre, a lo que el chaval contestó que de mayor quería ser como él, tócate las marimbas. Seguro que su madre se sentiría muy orgullosa.

Pero, de entre todos los casos que vi, me impactaron especialmente dos. El primero de ellos era el de una chica que, en su intimidad, deseaba la desaparición de su mejor amiga para quedarse con la vida de ésta, incluido su marido. El otro caso era el de un individuo enclenque que se había pulido parte del dinero de sus padres en drogas y en bingos, que les había robado para pagarse esos vicios y que, encima, se creía mejor gestor del negocio familiar que su hermano. Pero lo que me sorprendió no fueron sus vidas, sino que, ante la pregunta de si se consideraban buenas personas, ambos respondieron con un rotundo sí. Viendo esto, está claro que los seres humanos somos tremendamente crueles juzgando las actitudes de los demás pero infinitamente permisivos con las actitudes y acciones propias. Pedimos que se aplique la justicia para todas aquellas personas que cometen malas acciones, criticamos a unos y a otros sin ningún pudor en esta cultura contemporánea del cotilleo, pero perdonamos con una facilidad pasmosa nuestras conductas más despreciables. Puede que estos programas, como dicen muchos, no sean más que basura, pero reflejan a la perfección la basura que somos, la basura que respiramos y, lo que es peor, la basura que transmitimos.

63. A IMAGEN Y SEMEJANZA

Según se desprende de la mayoría de los estudios realizados, los adolescentes y jóvenes de hoy en día son egoístas, machistas, no tienen normas de conducta y no valoran prácticamente nada más allá de su propio ombligo -o del piercing que llevan en él-. En líneas generales, estoy de acuerdo con la mayoría de estas conclusiones, sin embargo, estos estudios sólo muestran un tipo de conductas o actitudes, pero no señalan a qué se deben. A este respecto, me gustaría mostrarles un par de situaciones curiosas –entre otras muchas- que he presenciado estos últimos meses.

Una noche, mientras estaba cenando en un restaurante, vi aparecer a una familia compuesta por unos padres, un hijo y una abuela. Nada más sentarse, el chaval –de unos catorce años-, sacó su PSP del bolsillo y se puso a jugar con el artefacto mientras los demás miembros de la familia se disponían a mirar la carta. Cuando llegó la camarera para tomar nota –no podía ser antes-, la madre le preguntó al chaval qué deseaba, y le resumió algunos platos que podrían gustarle, como si el chaval fuese tonto o no supiese leer. Éste decidió un plato con pollo y siguió jugando. Sólo cuando al fin les sirvieron los platos, el chico guardó la maquinita. Luego, durante todo el tiempo que duró la cena, los componentes de la familia apenas compartieron un par de palabras, excepto el padre, que ni siquiera abrió la boca para otra cosa que no fuera engullir. Posiblemente, dentro de unos años, estos padres se asombrarán de que su hijo no comparta sus vivencias con ellos, de que no tenga normas de conducta o de que no respete a los demás.

Hace unos días tuve que acudir a un centro médico por un problema en el tobillo. En la sala de espera nos encontrábamos una decena de personas, entre las que destacaban una madre, su hijo de unos cuatro años y el abuelo materno. El niño no paraba de moverse de un lado a otro de la sala, como una pulga rabiosa. En un momento, la madre se puso a jugar con una pelotita saltarina y le decía al niño cómo tenía que botarla. Cuando el niño la botó -con esa precisión propia de los niños-, la graciosa pelotita comenzó a saltar y saltar por toda la sala de espera hasta que le golpeó a un hombre que, gracias a ello, pudo cogerla. Después de aquello, el niño se agarró la chistorra y dijo que tenía pis. Entonces, el abuelo lo cogió de la mano mientras el niño le preguntaba que dónde estaban los baños, pero el abuelo le respondió que lo llevaba fuera a mear porque no iba a ir dando vueltas por todo el centro médico. Así que —ni corto ni perezoso- se lo llevó a un muro cercano y el crío hizo allí sus necesidades. Luego, cuando un chaval llegue mamado de una noche de juerga y les riegue el portal a estas personas con una buena meada, seguro que protestarán por esta conducta. Sin embargo, deberían comprender que estos jóvenes mean en los portales porque no se van a poner a dar vueltas por la ciudad buscando un baño. En fin.

Tal vez muchos padres no posean las suficientes conexiones neuronales para darse cuenta de que nuestras propias conductas son las que maman nuestros hijos. Si nosotros mismos no le damos valor a comer juntos, al diálogo dentro de la familia, si no valoramos las normas mínimas de comportamiento, si no respetamos a los demás con nuestras actitudes, luego no podemos reclamar a nuestros hijos que nos respeten, que dialoguen con nosotros o que valoren lo que les damos. Y es que, si leemos entre líneas, nos daremos cuenta de que los resultados que arrojan los estudios no dicen que los jóvenes son así porque sí, sino que los adultos los hemos hecho de ese modo.

64. LOS TONTOS DEL PUEBLO

Hoy me gustaría escribir sobre discapacidad mental. No pretendo realizar un estudio pormenorizado sobre la misma ni definir siquiera el concepto; tan sólo me gustaría ofrecer un par de ejemplos para que algunos se replanteen el término en cuestión, ya que, en algunas ocasiones, lo utilizamos de un modo excesivamente alegre y arbitrario.

En el pueblo donde resido vive una persona a la que mucha gente llama graciosamente "el tonto del pueblo". Se trata de una persona de unos cuarenta años, con cierto retraso mental, un bajo nivel de maduración y que sufre dificultades para el aprendizaje. Pues bien, hace unos días, mientras me encontraba mirando por la ventana, vi a tres chavales de unos diecisiete años con un carro de compra de un centro comercial. Habían cogido el carro y uno se había metido dentro de él mientras los otros dos lo empujaban carretera abajo. Luego se intercambiaban los papeles y giraban con el carro de un lado al otro. Cuando al fin se cansaron, dejaron el carro en mitad de la carretera y se fueron riendo como tres hienas en celo. Casualmente, unas cuatro horas más tarde, vi precisamente a la persona a la que denominan "el tonto del pueblo" que caminaba por la acera. Al darse cuenta de que el carro estaba fuera de su sitio, fue hacia él, lo cogió y lo enganchó en la fila de los carros del centro comercial.

Al día siguiente, me fui a comprar a un supermercado que está cerca de mi casa. Los sábados está muy concurrido y es muy difícil aparcar, ya que no dispone de parking. Pues bien, mientras me dirigía andando hacia la puerta de entrada del supermercado, vi que había dos plazas de aparcamiento - señalizadas por el Ayuntamiento con rayas blancas- cerca de la entrada.

144

Estaba pensando en eso cuando de repente llegó un tipo con un Peugeot y aparcó justo en medio de las dos plazas. Luego se bajó del coche, cerró la puerta y se dirigió hasta el supermercado con un par de narices, por no decir otra cosa.

Puede que yo no esté en mis cabales, pero a mi juicio, tanto el tipo del Peugeot como los chavales del carrito tienen mayor discapacidad mental que la persona a la que llaman graciosamente "el tonto del pueblo". A los chavales del carrito, con sus diecisiete años bien plantados, no se les ocurrió en ningún momento poner el carro en su sitio, sino que lo dejaron en mitad de la carretera, con el peligro de que algún conductor despistado pudiese chocar con él. Sin embargo, al "tonto del pueblo" sí se le ocurrió, lo que demuestra sin ningún género de dudas que posee mayor capacidad de razonamiento y de análisis que los tres chavales juntos. Lo mismo le sucede al capullo del Peugeot, al que ni siquiera se le pasó por la cabeza que podría dejar espacio para que aparcara otro vehículo, porque en su código genético el término de sociedad lo tiene instalado donde la espalda pierde su honesto nombre.

Por todo eso, yo creo que sería prudente que los organismos responsables de catalogar a las personas según su capacidad mental comenzasen a replantearse su clasificación. O, por lo menos, que introdujesen el concepto de "discapacidad social" como un tipo de discapacidad mental. Porque en muchísimas ocasiones, los tontos del pueblo somos nosotros mismos, lo que pasa es que aún no nos han diagnosticado.

65. LUCHA DE PRIMATES

Según he podido saber, hay un libro sobre el tema de la mujer que está arrasando en Europa. Se titula "El conflicto, la mujer y la madre", y está escrito por la filósofa francesa Elisabeth Badinter. En este best-seller, la autora habla de la emancipación de la mujer, de los mitos de la biología y afirma que el movimiento naturista actual convierte a las mujeres en primates, ya que ensalza desmesuradamente la maternidad, entorpeciendo de ese modo la verdadera liberación de la mujer. Más concretamente, esta autora afirma que "no existe el instinto de maternidad", y que el peor enemigo de la igualdad entre sexos es que consideremos que "la mujer ha de ocuparse absolutamente del bebé, amamantarlo hasta los dos años, centrarse en él y apartarse de sus expectativas profesionales", lo cual la devuelve a la sumisión y a la subordinación.

Resulta tremendamente curioso. Según las reglas del machismo, las mujeres –para ser buenas mujeres- deben quedarse en casa y cuidar de los hijos. Según las reglas del feminismo, las mujeres –para ser mujeres actuales- deben descentrarse de sus hijos para liberarse profesionalmente fuera de casa. En resumen; siempre habrá algún gilipollas iluminado que les diga a las mujeres cómo deben pensar, cómo deben comer o cómo deben hacer sus necesidades fisiológicas. Desde esta perspectiva de tomar a la mujer como un ser incapaz de pensar y actuar por sí mismo, "El manual de la buena esposa" de la dictadura franquista o este "El conflicto" de la Europa actual son hijos de la misma madre. Al margen de machismos y feminismos, en el mundo hay mujeres que tienen instinto de maternidad y hay mujeres que no. Hay mujeres que desean trabajar fuera de casa y mujeres que no. Pero eso no es dramático. Lo dramático es que las mujeres se vean constantemente bombardeadas para que decidan tener o no tener hijos según la dictadura ética del momento.

Para muchas mujeres, el problema de decidir ser madre o no poco tiene que ver con este tipo de filosofías de alcantarilla. En realidad, es algo mucho más mundano. El problema de decidir ser madre o no –al margen de la propia voluntad- es la dependencia económica de la mujer cuando el marido es el único que trabaja, lo cual puede, efectivamente, subordinarla a él. Sin embargo, se entiende que eso sucede en relaciones donde los miembros de la pareja no mantienen una relación equilibrada; una relación donde el marido, por el hecho de ser el que trabaja fuera del hogar, posee mayores privilegios que la mujer que trabaja dentro del hogar. Pero, en este caso, el problema no es la liberación de la mujer, sino que dicha mujer se ha equivocado al elegir a un primate que todavía no ha evolucionado. Si un hombre no posee la capacidad y, sobre todo, la necesidad de cuidar, oler, cambiar y bañar a su propio hijo, de compartir con su mujer esa experiencia, es que tiene alguna tara. Pero, en esto, cada mujer elige.

En fin; si una mujer quiere dejar a su hijo en una guardería nada más nacer para trabajar, está en su perfecto derecho. Pero también es legítimo que una mujer prefiera criar a sus hijos hasta su mayoría de edad. O toda la vida. O criarlos hasta los dos primeros años, tan esenciales. En todo caso, y teniendo en cuenta que la mujer es la única que puede parir, el Estado debería facilitar la salida y reingreso de la mujer en el mercado laboral, así como garantizar la prestación y el ajuste de horarios correspondiente por parte de las empresas durante un periodo decente de crianza. Esa es, en fin, la única evolución posible en la igualdad de los sexos.

66. EL CIUDADANO CORRIENTE

Hay gente que antes de hablar debería pensar primero durante varios días lo que va a decir. O, directamente, coserse la boca. La pasada semana, durante unas jornadas organizadas por el Club de la Energía, el presidente de Iberdrola, **Ignacio Sánchez Galán**, afirmaba que "el modelo de no cobrar lo que cuesta la luz y de que no se necesita subir tarifas", aplicado durante años en España, "ha conducido a un derroche". Asimismo, afirmaba que "difícilmente alguien puede ahorrar algo cuando se tiene la sensación de que no cuesta". Luego, en un alarde de valentía, se atrevió a recordar que en Reino Unido, donde Iberdrola opera a través de Scottish Power, existe una mayor participación de la ciudadanía en este asunto, hasta el punto de que los consumidores han aceptado pagar 60 libras más al año —unos 70 euros- para fomentar las renovables.

Conociendo la difícil situación económica que viven muchas personas en España, las dificultades de miles de familias para llegar a fin de mes, uno comienza a tener la desagradable sensación de que este tipo de gente se ríe directamente de nosotros. Tal vez, para este hombre, pagar una factura de unos 50 euros al mes de electricidad no suponga gran cosa, pero estoy convencido de que para la mayoría de los ciudadanos sí lo supone. A lo mejor, lo que tendrían que hacer esas personas que no pueden pagar una factura de la luz tan elevada es apagar las estufas en invierno y volver a las cavernas para hacer luminarias colectivas. Lo penoso del asunto es que ese tipo de declaraciones se atreve a decirlas una persona que se subió el sueldo un 40% durante la crisis, que ganó 7 millones de euros en 2007, que ingresó 5 millones y medio en 2010 -una cifra ligeramente superior a su remuneración de 2009-, además de 1,6 millones en acciones de Iberdrola Renovables, según las cifras que acaba de revelar la compañía a la CNMV, colocándolo en el segundo ejecutivo mejor pagado de España en 2009. Con una nómina así, a mí como si suben la luz un 30%.

Pero aún hay más. Querer comparar la concienciación de los británicos sobre asuntos de ahorro energético con los españoles por pagar 70 euros más al año es un auténtico despropósito, además de un insulto a la inteligencia. Por si el señor Sánchez Galán no lo sabe, habría que recordarle que el salario medio en España -según un informe elaborado por Adecco y la escuela de negocios IESE sobre la evolución del salario en 14 países europeos entre 2003 y 2008- se sitúa en los 21.500 euros brutos al año, lo que supone casi la mitad de la retribución de más de 40.000 euros de Reino Unido, Holanda y Alemania, y un 20% inferior a la media de la UE.

Al parecer, el gobierno y los empresarios se han puesto de acuerdo para echarles la culpa del despilfarro energético a los ciudadanos. Sin embargo, del despilfarro del propio gobierno, de su falta de previsión energética y de la escasa competencia en el mercado para abaratar los precios, nada de nada. Por eso, lo que más jode del asunto es que sean precisamente aquellos que tienen piscinas climatizadas, calefacción por suelo, aire acondicionado en el váter para darle gustito al pompis y más bombillas en su salón que yo en todo mi edificio vayan dando lecciones de ahorro a aquellos que lo que hacemos durante gran parte de la jornada es echar cuentas para poder subsistir.

67. DE RICOS Y POBRES

A veces me quedo estupefacto cuando leo a articulistas y escritores o cuando escucho a contertulios y periodistas afirmando que se niegan a creer que la responsabilidad máxima de la situación de crisis que sufre nuestro país sea de Zapatero. Reconozco que eso sería extraordinario, porque eximir a los políticos de sus errores políticos supondría eximir al resto de profesionales de sus errores laborales; los médicos no serían responsables de sus errores médicos, los jueces no serían responsables de sus errores judiciales, los policías no serían responsables de sus errores policiales y los articulistas no seríamos responsables de nuestros errores ortográficos o gramaticales.

Recuerdo cuando hace cuatro años el actual presidente del gobierno nacional, Rodríguez Zapatero, afirmaba que su objetivo para esta legislatura que está a punto de expirar era el pleno empleo. Hoy, cuatro años después, rozamos los cinco millones de parados en nuestro país, una cifra escalofriante, muy superior a la de la mayoría de los países de Europa. Por si algunos no lo recuerdan, hace aproximadamente dos años nuestro presidente afirmaba sin rubor alguno que España no estaba en crisis. Un año más tarde decía —aún sin reconocer abiertamente la crisis- que ya se veían los brotes verdes allá por la lontananza. Ha pasado poco más de un año y las flores siguen igual de marchitas que entonces. Ese empecinamiento de nuestro presidente en negar la crisis supuso un gravísimo error político que empeoró aún más esa crisis indiscutible. El primer paso para solucionar un problema es reconocerlo y nuestro presidente cerró los ojos a la realidad como si con aquel estúpido gesto pudiese hacerla desaparecer, al igual que los niños hacen con su miedo bajo las sábanas. Esa negativa supuso, por añadidura, que las posteriores medidas que se tuvieron que adoptar −o, mejor dicho, que los organismos internacionales nos obligaron a adoptar- fuesen muchísimo más violentas, ya que nuestro gobierno había dejado que la herida se hiciese aún más grande al no haber aplicado ningún remedio entonces. Eso sin hablar de que, durante la legislatura anterior, no se realizaron cambios significativos para fortalecer nuestra economía ni se iniciaron políticas económicas para facilitar un mejor reparto de la riqueza, al margen de cuatro o cinco nuevas e inútiles prestaciones sociales; pura calderilla.

Yo entiendo que cada uno de nosotros somos más afines a un partido político determinado. Eso es algo absolutamente normal. Sin embargo, ser afín a un partido político concreto no nos legitima para defender actuaciones de un gobierno que son indefendibles. Incluso, hoy en día, donde la clase política se ha desligado tanto de la sociedad, el ser fiel a la verdad y no a un partido adquiere aún mayor significado. Hoy por hoy, no existe una "lucha" entre izquierdas y derechas. Hoy, las ideologías las marca el Banco Central Europeo y el Fondo Monetario Internacional. Hoy en día, lo que hay, es una brecha que se acrecienta cada día más entre ricos y pobres, entre gente con poder y gente en la cola del paro. Todos los gobernantes mundiales son responsables directos de esta situación. Eximirles de esa responsabilidad es una licencia excesiva. En este crucial momento de nuestra historia nadie, absolutamente nadie, puede defender a los presidentes nacionales o autonómicos de un país donde hay cinco millones de parados y las ventas de coches de lujo aumentan un 160%.

68. ISLANDIA, 12 PUNTOS

En el 2008 Islandia era el 6º país más rico del mundo; sus infraestructuras eran inmejorables, sus sistemas educativo y sanitario eran casi perfectos, sus bancos nacionales ganaban grandes fortunas y sus habitantes, animados por ese chorreo de dinero, gastaban más de lo que tenían. Sin embargo, en octubre de 2008, Islandia sufrió un colapso; su sistema financiero se vino abajo y el gobierno se vio obligado a nacionalizar a los tres principales bancos del país y a solicitar una ayuda al FMI de unos 2.100 millones de dólares. A cambio, cómo no, el FMI les obligó a realizar rigurosos ajustes; subidas de impuestos y recortes salariales y sociales. Lo de siempre. El caso es que para salvar la situación y pagar la deuda contraída el gobierno intentó gravar con un 5,5 % el sueldo de los islandeses, lo que suponía unos 100 euros al mes durante ocho años por cada ciudadano. Cualquiera podría pensar que 100 euros no son para tanto, pero los islandeses entendieron con bastante lógica que los ciudadanos no debían pagar con su sueldo los errores de otros, y un 93% de los islandeses se negó a pagar. En su lugar, los islandeses salieron a la calle a protestar, y eso que allí hace un frío del carajo. Sus políticos recibían andanadas de huevos cuando llegaban al edificio gubernamental y los banqueros eran increpados por sus conciudadanos allá donde estuviesen. Al final, las protestas hicieron caer al gobierno y los habitantes de la isla se lanzaron incluso a generar una nueva constitución. Gracias a sus protestas, el gobierno actual dejó quebrar a sus bancos e inició una investigación para dirimir jurídicamente las responsabilidades de la crisis, enviándose órdenes de detención a Interpol contra 9 banqueros.

Cuando una persona se hipoteca para comprar una casa, un coche y una televisión de plasma de 1000 pulgadas que superan las posibilidades de su sueldo, se entiende que luego, ante un revés, no puede cargar al resto de la sociedad con el pago de unas deudas contraídas por su mala gestión. Del mismo modo, se entiende que cuando un consejo de banqueros lleva a la ruina a su banco, el resto de la sociedad no puede ser penalizada para pagar sus deudas. De igual modo, cuando un médico se deja unas tijeras en el estómago de un paciente causándole la muerte, su negligencia le acarrea unas consecuencias. Por tanto, cuando un político lleva a la muerte a su país o a una comunidad autónoma, también se entiende que deberían existir ciertas consecuencias. A fin de cuentas, esos principios de igualdad son la base fundamental de una verdadera democracia.

En nuestro país, en cambio, aún pensamos ingenuamente que esto de la política es un problema de izquierdas o derechas; aún defendemos las bajadas de sueldos de aquellos funcionarios que luego se juegan la vida para rescatar a las personas víctimas de un terremoto; aún creemos que el triunfador es aquel que sin estudios llega a ser rico a base de chanchullos en un par de años. Y es que todavía somos un pueblo socialmente ignorante, que creemos que en nuestro país se vive de puta madre porque hace sol, aunque luego no nos alcance el sueldo –por culpa de otros– ni para pagarnos una cerveza. En definitiva, que nuestra incultura social sigue y seguirá propiciando que el ejercicio democrático de nuestra exasperante clase política siga basándose en el reparto de las miserias y la individualización de la riqueza.

69. SUELDOS Y PRODUCTIVIDAD

Con esto de la crisis, muchos organismos nacionales e internacionales del ámbito económico y político han comenzado a defender la vinculación de los sueldos a la productividad. Si nos atenemos estrictamente a dicha vinculación, la medida me parece bastante lógica, aunque bien podría haberse aplicado hace cinco o seis años, cuando el dinero chorreaba a espuertas, y no ahora, con una crisis galopante. Aún así, con crisis de por medio y todo, muchas de las grandes empresas nacionales e internacionales están batiendo récords de beneficios año tras año, por lo que no se entiende que los sueldos de sus trabajadores se vean disminuidos o, peor aún, que algunos de esos trabajadores sean enviados al paro. Por eso, mucho me temo que, conociendo la catadura moral de nuestra clase política y la de nuestros grandes empresarios, lo único que pretenden con esta medida es justificar la reducción de salarios y echar así a miles de trabajadores de tal modo que puedan seguir engordando aún más sus beneficios. Y hablando de ligar el sueldo a la productividad, me gustaría recordar algunos datos bastante curiosos.

Según han publicado diversos medios de comunicación económicos, entre los políticos –o cargos con vinculación política- que dirigen el mundo, la que más cobra es **Christine Lagarde**, la recién nombrada directora general del FMI, con unos 385.000 euros al año. Por si esta cifra se les escapa o les marea se la resumiré; 32.000 euros al mes o, lo que es lo mismo 1.069 euros al día. En definitiva; la directora general del Fondo Monetario Internacional gana en un solo día un sueldo superior al salario mínimo interprofesional mensual de la mayoría de los ciudadanos de los países de la UE y superior a la media de los sueldos mensuales de los habitantes de muchos de esos países. Por su parte, **Jean-Claude Trichet**, el presidente del BCE, cobra unos 367.863 euros al año, colocándose en un destacado segundo lugar. Por detrás de él, y en tercer lugar, se encuentra **Robert Zoellick**, director del Banco Mundial, con 308.458 euros cada doce meses. En cuarto lugar del ranking de los que más cobran se encuentra el presidente de EEUU, **Barack Obama**, con 279.668 euros de sueldo al año. En un magnífico quinto lugar se encuentra **Ángel Gurría**, secretario general de la OCDE, con 189.000 euros anuales. En sexto lugar se posiciona **Ban Ki Moon**, secretario general de la ONU, con 158.600 euros de sueldo cada 365 días. En total, y teniendo en cuenta el sueldo de estas seis figuras del politiqueo mundial, suman 1.684.681 euros al año con cargo a las arcas de los distintos estados. Todo ello sin contar los gastos que sus cargos generan, por supuesto.

Como decía al principio, vincular el sueldo a la productividad es una medida que, a priori, parece bastante justa. Más aún si se aplicase una fórmula según la cual la persona que más cobra en una empresa no pudiese superar las cinco o seis veces el sueldo del trabajador que menos cobra. Desde esta perspectiva, los sueldos de las personas que he mencionado con anterioridad son absolutamente injustificables, mucho más si tenemos en cuenta el sueldo medio de un trabajador o que más de mil millones de personas viven con menos de un euro al día. Por eso, yo soy partidario de que se aplique con urgencia esta medida, porque si tenemos en cuenta la productividad de muchos de ellos, en vez de cobrar van a tener que comenzar a devolver dinero.

70. TOCANDO LAS NARICES

Se pregunta el presidente de la Generalidad, Artur Mas, todo cabreado "¿por qué a los catalanes nos tienen que tocar las narices con nuestro idioma?", defendiendo así la mal llamada "discriminación positiva" del catalán en Cataluña. Según parece, Mas está enojado por la polémica generada en torno al auto del Tribunal Superior de Justicia de Cataluña que da un plazo de dos meses para que el castellano sea también lengua vehicular en toda la comunidad, cosa que si no fuese porque estamos en España parecería esperpéntica. Ante esta sentencia, el presidente Mas ha dicho que "con el tema de la lengua no se juega", y resulta curioso que sea él precisamente quien diga esto, porque desde que los partidos nacionalistas tienen tanto poder en el Congreso español no hacen otra cosa que utilizar el idioma como arma de discriminación masiva. "Nadie —dice Mas- les toca las narices a los españoles con el castellano, ni a los franceses con el francés, ni a los alemanes con el alemán", olvidándose de que —hasta que se demuestre lo contrario- Cataluña no es un país, sino la comunidad autónoma de un país.

A mí, en realidad, poco me importa que Cataluña sea una comunidad autónoma, un estado, un continente o un planeta. En realidad, me aburre el discurso de los radicales nacionalistas sobre su supuesta nación, como si haber sido un reino antaño fuese suficiente para ser reconocido como país. Ya que estamos, por qué no vamos entonces un poco más atrás y decidimos devolver Cataluña a los romanos, ya que durante bastantes años estuvieron invadidos por ellos. Es más, en un gesto de coherencia, podríamos incluso devolverles la península entera. Y es que eso que llaman "realidades autonómicas" no es más que la realidad fragmentada de una "realidad nacional", al igual que ésta es la realidad fragmentada de una realidad global, como ya estamos comprobando con esto de la crisis. Porque, además, me consta que la mayoría de la sociedad catalana no tiene problemas con el bilingüismo y padece realidades alejadas de esta controversia tan politizada como absurda. Como digo, a mí poco me importa que los extremistas catalanes quieran que Cataluña sea un país, aunque para ello tengan que cortar con un serrucho su comunidad autónoma y separarla así del resto de España, pero mientras las comunidades autónomas formen parte de nuestro país no queda más que defender los intereses de cualquier español en cualquier comunidad, aspecto que, hoy en día, no sucede. La vulneración del derecho a estudiar en español, las multas por no rotular en un idioma autonómico o tener que conocer la lengua autonómica para poder trabajar no son más que actitudes despóticas propias de sociedades poco democráticas.

Utilizar elementos culturales como la lengua y la educación para sembrar discriminaciones entre los habitantes de una comunidad es una actitud despreciable. Subvencionar con dinero público a organizaciones encargadas de denunciar a aquellos comercios u organismos cuyos documentos no vayan redactados en una determinada lengua autonómica es la extensión de una ramificación dictatorial a la que solo le falta colocar un distintivo amarillo en la pechera a los hispanohablantes para distinguirlos de los demás. Pura estupidez.

71. FIESTA NACIONAL

Hace apenas un mes, coincidiendo con el aniversario de los atentados del 11-S, un miembro de la Agencia de Seguridad Nacional de EEUU hablaba sobre la llamada "zona cero". Ante las cámaras de una televisión española, el hombre –de antepasados españoles- decía que después de los atentados del 11-S el país había vivido una época de unión patriótica, un sentimiento de compromiso social, al igual que pasaría –intuía- en España después del brutal atentado del 11-M. Sin duda, este hombre no conocía el carácter de los españoles. A diferencia de lo que sucede en EEUU, en España no conocemos gran cosa de lo sucedido antes, durante y después de los atentados del 11-M, y los homenajes pasan cada año más desapercibidos, como si aquel acontecimiento tan dramático hubiese caído ya en el olvido.

Este miércoles se celebró en nuestro país el día de la Hispanidad, una celebración que –al margen de ser un día festivo- poco tiene que reseñar. La mayoría de los españoles no participan activamente en este día, y muchos lo asocian única y exclusivamente al día de las fuerzas armadas, lo cual a algunos les da cierto repelús. Y es que los españoles no conocemos la historia de nuestro país. Como mucho, la interpretamos desde la anécdota y la ignorancia. Y, sobre todo, la despreciamos. Si saliésemos a la calle preguntando por la fecha del descubrimiento de América, seguramente más de la mitad no sabría precisar el año. Y si preguntásemos sobre la colonización, la mayoría de los entrevistados caería en el absurdo tópico de resaltar lo malos que fuimos los españoles con los indígenas. Poco más. Pero no hace falta remontarse a épocas tan lejanas. Los españoles apenas conocemos a dos premios Nobel españoles de literatura, ni sabríamos decir dos autores del siglo de oro, ni el nombre de dos políticos de la República, ni lo sucedido durante la invasión francesa, y si preguntásemos por nuestra triste Guerra Civil, la gran mayoría resumiría una época tan convulsa políticamente diciendo que fue un enfrentamiento entre rojos y fachas. Y nuestra ignorancia y nuestra incultura es tal que, aún hoy en día –incluso personas a las que se les supone cierta erudición- hay gente que sigue hablando de fachas y rojos, como si la derecha y la izquierda de hoy tuviesen algo que ver con la izquierda y la derecha de aquellos tristes años de la historia española. Y es que en nuestro país siempre nos fijamos más en lo que nos separa que en lo que nos une. Por eso, mientras en la mayoría de los países nadie siente vergüenza de su himno o de su bandera, en España estamos divididos en pequeños terruños donde ciertos caciques residuales quieren establecer su estúpido reino, generando un odio hacia todo lo español. Y como el español medio es bastante ingenuo y crédulo, no duda en caer en ese odio hacia lo nacional, enfrascados todavía en recelos que ni siquiera nos tocan, como si los símbolos nacionales actuales representasen a Franco 40 años después de muerto, un logro que ni siquiera el Cid alcanzó.

En España el día de la Hispanidad es para muchos un día más, un día –incluso- del que sentir vergüenza. Vivimos en un país dividido e ignorante, y ya se sabe que el que desconoce la historia está abocado a repetirla. Y nosotros, los españoles de comienzos del siglo XXI todavía convivimos con esos recelos de nuestra guerra civil, de nuestra colonización, de nuestra armada invencible, faltos de creencias comunes, de sentimientos comunes, incapaces de desempolvar los valores que en su día nos convirtieron en la vanguardia del mundo.

72. MANERAS DE GOBERNAR

Por si aún no se habían dado cuenta, estamos en crisis. Eso es lo que nos repiten constantemente nuestros amados y enriquecidos gobernantes. Estamos en crisis, y como estamos en crisis –dicen ellos-, los ciudadanos debemos contentarnos o, como mínimo, comprender ciertas medidas políticas de austeridad que tienen que tomar, aunque les duela muchísimo. Porque, aunque no lo parezca, los políticos lloran a moco tendido mientras nos aumentan la edad de jubilación o nos cierran plantas de hospitales. Como los cocodrilos. Dentro de ese falso discurso sobre una crisis que en realidad nos afecta a los mismos de siempre, nuestros políticos nos dicen que debemos sacrificarnos, que debemos apretarnos el cinturón hasta que se nos salten los ojos, que debemos barrer la parte de la acera próxima a nuestra casa y echarle agüita fresca a las plantas de los jardines públicos para ahorrar unas perrillas en los servicios de limpieza y mantenimiento. Nos dicen, a fin de cuentas, que en España hemos vivido por encima de nuestras posibilidades y que ahora tenemos que pagar nuestra codicia. No cabe duda de que más de uno ha vivido por encima de sus posibilidades, pero la gran mayoría de los españoles solo hemos intuido esa riqueza en cuerpos ajenos. Y es que, por mucho que los políticos repitan el mensaje una y otra vez, la realidad es testaruda y los números –los incorruptibles números- nos dicen que la renta per cápita española es de las más bajas de toda Europa y que nuestra política social da risa si la comparamos con Alemania, Holanda o Noruega. Y es que aquí en España, en realidad, quienes se han enriquecido de lo lindo han sido la élite del boom inmobiliario y la élite financiera y política. Nadie más. Pero, por si acaso algún político quiere hablar de líderes, sí somos líderes europeos en otras cosas, como en paro, en corrupción y –después de Italia y Grecia- en economía sumergida, una economía que representa cerca del 25% del PIB, concentrándose especialmente -qué casualidad- en la construcción, los profesionales autónomos, las empresas inmobiliarias y el turismo.

Pero a pesar de todos los datos, como si fuésemos tontos –que lo somos- nuestros gobernantes nos dicen que no queda más remedio que tomar serias medidas de ajuste; bajar salarios, subir impuestos, recortas servicios públicos y eliminar ayudas sociales. Sin embargo, ninguno de ellos habla de recortar ayudas a las entidades financieras, de encerrar en la cárcel a los culpables de la pésima gestión de la crisis, de la CAM, de las indemnizaciones en Caixanova Galicia, de eliminar organismos duplicados y triplicados o de bajarse los enormes sueldos que disfrutan, algo que no hay que corregir en época de crisis, sino en época de bonanza.

Para saber lo que nos jugamos deberíamos conocer algunos datos y ser un poco más exigentes con nuestros gobernantes. Existe, por ejemplo, un estudio de la Universitat Pompeu Fabra que calcula que el fraude fiscal -mayoritariamente de rentas altas, empresarios y burguesía- en el estado español asciende a 80.000 millones de euros anuales. Mantener algunas prestaciones de ayudas a parados o a jubilados no pasa de los 3.000 millones.

Dicen nuestros políticos que no todos son iguales, que hay formas y formas de gobernar, pero todavía no hemos encontrado ninguno con arrestos suficientes para ponerle el cascabel al gato.

73. RESPONSABILIDAD DEMOCRÁTICA

Con frecuencia nos quejamos de nuestros políticos. Y no nos faltan razones. En la mayoría de las ocasiones nuestros políticos se muestran como seres incoherentes, sin moral, egoístas, insensibles, ocupados únicamente en mejorar sus privilegios y sus patrimonios, ociosos, vagos y, en infinidad de casos, absolutamente ineptos. Si cogemos a nuestros políticos con cargos públicos uno por uno y les pasamos un test de capacidad y honorabilidad, posiblemente no se salvasen de la quema más que unos pocos. Sin embargo, para ser del todo justos, la culpa no es solo de ellos.

Hace unos días causó cierto revuelo una frase de **Emilio Butragueño** en la que afirmaba que el estadio Santiago Bernabéu era el lugar con más visitas de Madrid y que el Museo del Real Madrid recibía al año más visitas que el mismísimo Museo del Prado. Quizá sea un poco exagerado, pero no por mucho. De hecho, de seguir con la tendencia, el Museo del Real Madrid se convertirá dentro de unos años en el "monumento" más visitado de todo nuestro país, un acontecimiento que es para sentirse muy orgullosos. Y es que si tenemos en cuenta que uno es lo que come tanto a nivel físico como a nivel mental o moral, ya podemos hacernos una radiografía del cerebro medio del español. Sin ir más lejos, uno puede comprobar muy a menudo como los niños desde muy pequeños son capaces de nombrar la alineación entera del Real Madrid o del F.C.Barcelona con sus extranjeros de nombres impronunciables pero —en cambio- no son capaces de memorizar el nombre de tres artistas españoles de cualquier siglo incluidos novelistas, poetas, pintores, arquitectos, bailarines, escultores o músicos. Y es que una sociedad transmite lo que se es y la nuestra —la sociedad española-

transmitimos fútbol y cotilleo a nuestras generaciones futuras.

Mucha gente dice con frecuencia —e incluso con cierto orgullo- que ni entiende ni le interesa la política, y eso me parece muy bien. Por el contrario, a este tipo de personas sí suele interesarles y suelen entender de los problemas de tal o cual baronesa, del bodorrio de tal o cual duquesa, de los cuernos de tal o cual princesa o de los goles de tal o cual estrella de fútbol. Y eso, repito, está bien. Lo que sucede es que la vida particular de las baronesas, duquesas, futbolistas o princesas —aunque sean del pueblo- poco o nada nos va a afectar en nuestras particulares vidas, y sus desgracias o sus dichas no van a hacer que nos bajen los sueldos o que nos aumenten la edad de jubilación o que tengamos o no mejoras en las prestaciones sociales. Por eso, no estaría de más que parte del tiempo que dedicamos a aborregarnos lo dedicásemos a cultivarnos o, cuando menos, a estar informados de lo que realmente nos afecta. Es nuestro deber como ciudadanos.

La mayoría de nuestros políticos son como son porque nosotros somos como somos. Y nuestro nivel de cultura y de exigencia es tan precario que poco les podemos exigir a los demás. Muchas personas dicen que no existe una democracia real. Y puede que sea cierto. Lo que sucede es que la democracia somos todos, y para exigirles profesionalidad y ética a los demás primero tenemos que exigírnoslas a nosotros mismos. Y para eso, ya no estamos todos dispuestos.

74. VIVIR DEL CUENTO

Voy a contarles dos historias, ambas absolutamente reales. La primera de ellas es la de una chica de unos veinticuatro años, una chica que terminó la diplomatura en Educación Social hace un par de años. Desde entonces, esta chica ha recorrido distintos organismos y diferentes empresas dejando decenas de currículos que, por lo general, terminan en el cubo de la basura. Su madre es ama de casa y su padre trabaja en una empresa de sanitarios. A pesar de que la renta familiar es media-baja, al tratarse de una familia con una única hija, nunca ha percibido ninguna beca ni ayuda social alguna, ya que siempre sobrepasa el umbral máximo exigido. Debido a eso, sus padres han tenido que sacrificar muchas cosas para pagarle unos estudios universitarios. Para seguir con su formación, esta chica está matriculada en la Escuela Oficial de Idiomas, eso sí; recorre el camino de su casa hasta la Escuela andando, para no consumir gasolina y no causarles más gastos a su familia. Es, por sus cualidades y su preparación, un ejemplo de superación y uno de esos jóvenes de los que unos padres —y un país- pueden sentirse orgullosos.

La segunda historia es la de una chica de veinticuatro años, con dos hijos y un tercero en camino. Dejó sus estudios en cuarto de Secundaria porque iba sobrada de conocimientos. Es zafia, barriobajera y maleducada hasta la repugnancia, y va por la vida con cara de oliendo a mierda —con perdón-, aspecto que —sin embargo- no le ha impedido tener diversas relaciones, ya que cada uno de los hijos es de un padre distinto. Gracias a ser madre soltera y familia numerosa, esta chica recibe una beca de comedor escolar para que sus hijos coman gratis, ayudas de libros, de alquiler de vivienda y también de alimentos de alguna que otra ONG. Sin embargo, como la chica está muy ocupada rozándose por las paredes de las discotecas y los pubs, el cuidado real de los niños corre a cargo de sus padres, que son quienes atienden sus necesidades y quienes los crían. Como además de educación tampoco tiene ética, va recorriendo las distintas instituciones con absoluta prepotencia exigiendo ayudas y papeles, sin agradecer que pueda comer gracias a los demás.

Siempre he sido muy crítico con las ayudas sociales. Y no porque piense que no hay que ayudar a los más necesitados, sino porque pienso que hay que tener mucho cuidado con el dinero que se les quita a unos para dárselo a otros. Por esa sagrada razón, soy partidario de dar ayudas sociales, pero siempre y cuando se haga a través de un estudio riguroso de las verdaderas necesidades y –por supuesto- de los méritos. Porque para recibir algo a cambio hay que merecerlo. Ayudas sociales no son ayudas indiscriminadas a personas que saben buscar subvenciones para vivir del cuento, habiendo personas que las necesitan y las merecen mucho más. Y como hay muchas personas acostumbradas a vivir del estado, ahora resulta difícil decirles que hay que trabajar para vivir, que el país ya no está para subvencionar a vagos. Pero si ya de por sí es grave que este tipo de gente viva del trabajo de los demás sin haber dado palo al agua nunca, aún es más grave que –como verdadera acción social- no se controle el número de hijos que tienen, ya que la catadura moral de esta gentuza es tan ínfima que utilizan a sus hijos como mercancía, recibiendo ayudas por ellos pero sin preocuparse ni de su educación ni de sus necesidades; niños con infinidad de problemas afectivos que quedan desprotegidos ante la vida descontrolada de sus propios padres.

75. POLIS Y CACOS

Hace unos días, en Getafe, un agente fuera de servicio observó un comportamiento extraño en dos individuos que parecían forzar a un tercero a entrar en un coche en lo que parecía un secuestro exprés, así que sin pensárselo dos veces dio avisó a sus compañeros. Tras recibir la notificación, tres coches patrulla de la policía local se dirigieron a la zona y comenzaron a perseguir al vehículo en el que se escapaban los dos sospechosos. Después de varios kilómetros de persecución, uno de los coches patrulla logró cerrarle el paso. Los presuntos delincuentes chocaron entonces contra el coche patrulla e intentaron huir por una calle en sentido prohibido, poniendo en peligro a conductores y peatones. Ahí se bajaron varios policías y les dieron el alto. Según los testigos, el conductor del vehículo sospechoso intentó arrollar a los agentes, así que estos sacaron sus armas y efectuaron unos 15 disparos, en su mayoría a la parte trasera del vehículo, hiriendo gravemente a ambos presuntos delincuentes, uno de los cuales —desgraciadamente- murió con posterioridad. Como suele ser habitual, la Policía Científica se desplazó al lugar de los hechos para averiguar cómo se habían desarrollado los acontecimientos y la titular del Juzgado de Instrucción número 41 de Madrid abría diligencias para investigar el tiroteo. Después de estos acontecimientos, algún que otro sindicato de policía y algún que otro político —además de los típicos contertulios- está cuestionando la actuación de estos agentes, algo que suele ser habitual en nuestro país. 15 disparos son demasiados, dicen algunos. Otros critican que, al parecer, los presuntos delincuentes no llevaban armas y -por tanto- que la actuación policial no fue acorde con la situación, olvidando que los presuntos delincuentes intentaron pasarles por encima utilizando el vehículo como un arma. En definitiva; que la actuación de estos agentes –por unas razones o por otras- no fue la correcta, algo que puede ser absolutamente cierto o puede –como en tantas otras ocasiones- no ser más que una sentencia basada en esa doble moral y ese doble rasero de medir que utilizamos en nuestro país cada vez que un policía saca su arma. Yo, excepto en muy contadas ocasiones, no me cuestiono las actuaciones policiales. Tal vez sea por la cantidad de anécdotas que he escuchado a amigos míos que trabajan en las Fuerzas y Cuerpos de seguridad, lamentándose de lo "vendidos" que se encuentran en muchas actuaciones. No me suelo cuestionar, como digo, las actuaciones policiales, ya que confío en su buen hacer, sin embargo, sí me cuestiono cómo un tipo con cincuenta detenciones, por ejemplo, puede estar en la calle como si tal cosa. Eso sí es algo que me resulta realmente extraordinario. Hoy en día, la profesión de policía se ha convertido en una profesión de alto riesgo. Y no por los delincuentes –que siempre los ha habido- sino por culpa de los que inconscientemente o por omisión lanzan mensajes demonizando a la policía y beatificando –indirectamente- a los delincuentes. Porque es muy fácil criticar las actuaciones policiales mientras estamos sentados en nuestro sofá rascándonos la barriga, sin sentir nunca la garganta seca de miedo, sin plantearnos si llegaremos vivos a nuestra casa esa noche o si volveremos a ver a nuestros hijos. Y todo ello por mil y pico cochinos euros, que como son funcionarios, no se merecen mucho más. Pero su profesión es sobre todo de alto riesgo por las leyes y la justicia que padecemos, donde los criminales entran y salen de los juzgados como Perico por su casa, convirtiendo las calles de nuestras ciudades en un patio de recreo lleno de delincuentes reincidentes que ponen en peligro la vida de los buenos ciudadanos y de nuestros policías como si de un absurdo juego de polis y cacos se tratase.

76. SERVICIO PÚBLICO O ACTIVIDAD LUCRATIVA

Según el cuento recogido en el libro "Los mejores cuentos de la literatura universal" de **Carolina Toval**, el rey de Persia, **Shah-Abbas I**, se encontraba cazando cuando de repente perdió a sus criados. Escuchó entonces una flauta y se dirigió al lugar de donde procedía aquel sonido. Cuando el rey llegó al lugar se encontró con un muchacho que tocaba una flauta mientras cuidaba de su rebaño. Shah-Abbas se acercó y le hizo un par de preguntas, quedando fascinado por el ingenio del joven, así que decidió mantener con él una larga conversación. Admirado por el claro entendimiento del chaval, pensó en lo útil que le sería aquel muchacho en la corte, así que mandó llamar a su padre y le entregó el dinero necesario para que pudiera desprenderse del jornal de su hijo. Luego lo llevó a la corte y le puso de discípulo de los mejores maestros, siendo los progresos del pastorcillo en materia política muy destacables, por lo cual el rey le dio el nombre de **Mahomet** y lo nombró intendente de su palacio. Con el tiempo, y tras comprobar su lealtad y sus progresos, lo envió como embajador y, posteriormente, lo nombró Gran Visir, destacando en su cargo por su honradez y su persecución del soborno, tan practicado en aquellos tiempos. Un día el gran rey Shah-Abbas I murió y le sucedió **Schah-Sofi**, un muchacho falto de experiencia educado en la adulación. Muerto el viejo rey, todos comenzaron a conspirar contra Mahomet, diciéndole al nuevo rey que éste escondía en su casa un inmenso tesoro robado del dinero público y que estaba guardado en una habitación con tres llaves. Lleno de sospechas, el nuevo rey se dirigió a la casa de Mahomet y se quedó admirado al ver la modestia en la que vivía aquella persona que, sin embargo, tenía una posición tan elevada. Los cortesanos que acompañaban al nuevo rey lo condujeron entonces a una habitación perfectamente cerrada. El rey preguntó qué había allí y Mahomet le contestó que allí estaba su fortuna, la cual le pertenecía. Cuando los cortesanos derribaron la puerta se encontraron con unas alforjas, una zamarra, una calabaza de agua y una flauta.

No se sabe cuándo, o quizá haya sucedido desde siempre, pero en algún momento de la historia la política ha dejado de ser un servicio público para convertirse en una actividad lucrativa. Hoy por hoy, no sería muy aventurado afirmar sin miedo a equivocarnos que la gran mayoría de quienes se dedican a la política lo hacen con fines lucrativos y espoleados por las ansias de poder. La mayoría de los políticos cuando llegan al poder olvidan completamente sus raíces, adoptan nuevas costumbres para las cuales se requiere mucho dinero, se compran buenos trajes, buenas casas y parece que siempre han bebido vino de mil euros la botella. No se conforman con muebles funcionales, y llenan sus despachos con hermosas maderas traídas de lo más profundo de los bosques del Amazonas. Ninguno de ellos reniega del lujo; ninguno de ellos ajusta su sueldo o renuncia a unos privilegios que saben que no se han ganado. En definitiva, ninguno de ellos conserva su alforja, su zamarra, su calabaza de agua o su flauta. De pedirles que al final de sus mandatos regresaran a la vida que llevaban antes posiblemente la gran mayoría de nuestros políticos saldría huyendo en desbandada.

77. ¡QUÉ NOS LOS QUITAN DE LAS MANOS!

Según parece, se está poniendo de moda en algunos municipios que los vecinos colaboren en varias de las tareas de las que antes se ocupaban los ayuntamientos, como la limpieza de las aceras, el cuidado de los jardines o la apertura y cierre de algunos edificios como las bibliotecas. A mí eso me emociona. En serio. Yo, sinceramente, también colaboraría en algunas de esas tareas, pero claro, me han robado tanto que ya no tengo ganas de regalar mi trabajo. De hecho, mientras a los colegios y a los hospitales se les reduce el presupuesto, se suben los impuestos y se cortan ayudas sociales, en la Junta de Andalucía, por ejemplo, hay 38.000 móviles corporativos, uno por cada seis empleados públicos. En esta misma comunidad existe una fundación pública llamada Barenboim-Said que difunde a través de la música la conciliación de las culturas a la que se le va a dar este año dos millones de euros. En Aragón, por ejemplo, el Gobierno de la comunidad destinó siete millones de euros a campañas institucionales de propaganda para explicar su gestión y aplicó una Ley de Lenguas que contempla el aragonés y el catalán como lenguas "propias e históricas" que cuesta casi 25 millones. En Baleares, el dinero público se va como el agua de las manos; como ejemplo: un millón de habitantes, cuatro islas y dos televisiones públicas. En Cantabria, el Gobierno invirtió más de un millón para construir un aeródromo en una zona en la que no pueden aterrizar avionetas por estar cerca de aerogeneradores. En Castilla –La Mancha el Servicio de Salud gastó 2,2 millones de euros destinados a la ampliación del centro de salud del casco histórico de Toledo que ha resultado inviable. La Junta de Extremadura contabiliza un total de 1.623 vehículos al servicio de consejeros, asesores, directores generales, secretarios generales y otros altos cargos. En Galicia se creó un macro complejo cultural diseñado por **Peter Eisenman** bajo unos honorarios de 14 millones de euros. En La Rioja se construyó un aeropuerto con un vuelo al día y los diez consejeros disponen de un Audi modelo A6. En Madrid se gastaron 90 millones en una Ciudad de Justicia sin uso y Telemadrid acumula una deuda de unos 229 millones. En el País Vasco el nuevo San Mamés, con capacidad para 53.000 espectadores, le costará al erario público 100 millones de euros que aportarán a partes iguales el Gobierno vasco y la Diputación Foral de Bizkaia. En la Comunidad Valenciana se construyó un aeropuerto en Castellón que no tiene casi pasajeros pero que por contrato obliga a la Generalitat a pagar a la concesionaria seis euros por cada pasajero que haya por debajo de los 600.000 durante los primeros ocho años de vida, y el gobierno ha recurrido a los conductores de vehículos oficiales para repartir el correo interno entre las distintas consejerías después de que Correos suspendiera su servicio a la Administración por impagos. Y para poner la guinda, nos enteramos de que este año los parlamentos autonómicos costarán a los españoles 392 millones de euros. Un millón al día, siendo en cifras absolutas el parlamento catalán el más caro de España.

Así que, visto lo visto, cuando salimos a la calle a limpiar las aceras no estamos haciendo un servicio a la comunidad; estamos limpiando la sangre económica que nuestros despreciables políticos han derrochado.

78. NI PERDÓN NI OLVIDO

Un país sin educación es un país abocado al fracaso. Claro que un país sin educación es mucho más fácil de manejar que un país culto. No sé a qué obedece el ataque que nuestro gobierno ha emprendido contra la educación pública. Dicen que es por el bien del estado, que las reformas para destrozar la educación pública son importantes para ahorrar 3 mil millones de euros —que es lo que ellos ganan en cualquier caso de corrupción-, aunque afirman que la calidad de enseñanza no se verá afectada. Yo, que siempre he sido mal pensado, tengo la teoría de que en realidad la idea es —aparte de ahorrar dinero a costa de un servicio básico- fomentar poco a poco la educación concertada y privada que —aunque peor- sale mucho más barata. En todo caso, ésta es una tendencia que comenzó con el PSOE y que el gobierno del PP no hace más que perfeccionar. Eso sí, según ellos, lo hacen por culpa de la crisis, que es como un comodín que sirve para destrozar cualquier cosa. De todos modos, parece que a la población en general esto no le preocupa, así que si no le inquieta a los propios padres a quién le va a importar. Tal vez por este conformismo social, no contento con crear un futuro país repleto de ciudadanos ignorantes y de estudiantes frustrados que no podrán acceder a estudios universitarios, nuestro gobierno parece decidido a terminar con la sanidad pública, tal vez por eso de que costamos menos de muertos que de vivos.

Hace unas semanas mi padre tuvo que acudir al hospital de urgencia por un dolor en el pecho. Como sus antecedentes no son muy buenos, le estuvieron haciendo multitud de pruebas para descartar que el dolor en el pecho fuera debido a un posible infarto o a una embolia pulmonar. La atención tanto en la ambulancia como en todo el tiempo que estuvo en el hospital fue sencillamente ejemplar, lo que contradice a aquellos que dicen que los funcionarios son unos vagos. A eso de las doce de la noche, el médico nos informó que —a falta de un diagnóstico claro y debido a sus antecedentes- lo iba a dejar ingresado. Sin embargo, como no había camas, mi padre, con 70 años, tuvo que pasar 15 horas en la dura camilla de una habitación donde yacían otras 8 personas de distintas edades y con diferentes dolencias, con la luz encendida y con enfermeras entrando y saliendo de la sala a cada minuto.

Muchas veces he hablado de la incapacidad de nuestros gobernantes europeos y nacionales por su inutilidad por no ver la crisis que se cernía y por su incapacidad para gestionar las soluciones. Posiblemente, entre todos ellos, nos conduzcan a una ruina duradera. Puede que muchos pensemos que es lo que nos toca, pero toda esa sumisión deja de tener sentido cuando uno se da cuenta de que nuestros gobiernos les están robando la educación a nuestros hijos y provocan que nuestros padres, después de más de 40 años trabajando, se vean tirados en una fría camilla de hospital porque aquellos políticos que se enriquecen y disfrutan de jugosas jubilaciones gracias a los impuestos que les sacaron no supieron gestionar la sanidad pública. Ellos son los responsables directos. Por eso, para ellos, ni perdón ni olvido.

79. LA GRAN PANDEMIA

España tiene una población aproximada de 47 millones de habitantes. Francia tiene una población de casi 65 millones. Italia tiene casi 61 millones de habitantes. En Alemania hay 150.000 políticos trabajando en la administración pública. En Italia y en Francia rondan los 220.000 políticos. En España hay casi 450.000 políticos trabajando –por decir algo- en la administración pública, semejante a todos los habitantes del municipio de Murcia o de Málaga. Esta cifra es superior a la de policías, médicos y bomberos juntos, que suponen un total de 339.821. Si dividimos el número de habitantes de España entre el número de políticos nos sale que por cada 100 ciudadanos hay 1 político. Teniendo en cuenta este dato, y por poner un símil, podríamos decir que en España hay más generales que soldados. Pero eso, al fin y al cabo, no es tan preocupante. Lo preocupante es que todos esos 450.000 políticos que sufrimos en nuestro desgraciado país y que no sabemos muy bien qué hacen en sus congresos, senados, diputaciones, ayuntamientos, fundaciones, observatorios, consejos, direcciones generales, etc., suponen -solo en sueldos- cerca de 2.000 millones de euros al mes con cargo al estado. Un total de 24.000 millones de euros al año. Escalofriante. La deuda pública de España es de unos 700.000 millones de euros. Echen cuentas.

Para la subsistencia de estos políticos se precisan infinidad de gastos. Por poner solo un ejemplo, el más simple de todos, y según datos oficiales, en España circulan más de 22.000 coches oficiales. De todos esos coches oficiales, unos 11.000 corresponden a ayuntamientos, 9.200 a las Comunidades Autónomas, 1.200 a Diputaciones y unos 300 a organismos supramunicipales como mancomunidades. A todos ellos debemos sumar los más de 800 coches oficiales de la Administración central, que proporcionalmente es quien menos coches tiene. Curiosamente, el total de altos cargos que hay en la Administración General -incluyendo Estado, organismos autónomos, agencias estatales y otros organismos públicos- es de 436 cargos, lo que quiere decir que al menos cada alto cargo dispone de casi dos coches oficiales para él solito. En Estados Unidos, por ejemplo, una de las potencias económicas, tecnológicas y culturales del mundo, un país con 310 millones de habitantes, 6 veces y media más que España, el número de coches oficiales es de unos 1.000 en total para toda la administración. Por supuesto, cada uno de los coches oficiales con los que cuentan nuestras administraciones tiene un coste de entre 70.000 y 120.000 euros. Es decir; los 22.000 coches oficiales nos han supuestos 2.200 millones de euros; el sueldo anual de 200.000 mileuristas. Vergonzoso. Si esto es así solamente en coches oficiales, mejor no pensar el gasto total que suponen nuestros queridos políticos en dietas, fondos de pensiones, gastos de telefonía, reformas de los despachos de los edificios que ocupan, etc., etc.

Lo bueno de las matemáticas es que no dicen si **Zapatero** es un cenutrio o **Rajoy** un berzotas. Sólo dicen lo que hay y lo que deja de haber. España es en la actualidad un país al borde de la ruina económica. Pero una ruina, como una enfermedad, no se produce de un día para otro. Estamos enfermos desde hace muchos años, solo que ahora comenzamos a notar los síntomas. Sin embargo, lo malo, dramático e irónico de todo este asunto es que nuestra curación está en manos precisamente de aquellos que generan la enfermedad. Jodidos estamos.

80. EL GRAN EXPOLIO

En 2010 el Estado inyectó en la economía española 92.500 millones de euros en ayudas públicas. Esta cifra supone un 46% más que el año anterior. De esta cifra, el Gobierno destinó una parte a ayudas relacionadas con la crisis y, otra parte, a ayudas no relacionadas con la crisis. En cuanto a las ayudas no relacionadas con la crisis el Estado destinó únicamente 5.000 millones de euros, algo lógico en una situación económica extremadamente grave como la actual. Los otros 87.500 millones de euros fueron destinados, evidentemente, a paliar la tan famosa crisis.

Está claro que 92.500 millones de euros dan para mucho. Con una cantidad tan importante de dinero, y utilizado de una manera rigurosa y coherente, se podría reactivar la economía del país considerablemente. Al menos, de una forma que las empresas en particular y la ciudadanía en general lo notase. Entonces, con un volumen tan enorme de dinero inyectado, ¿por qué no se ha reactivado nuestra economía? ¿Por qué no hay ni el más mínimo atisbo de que estamos saliendo de esta crisis? Pues la respuesta es tan sencilla como presumible; porque de los 87.500 millones de euros destinados a ayudas anti crisis, 87.149 millones fueron a parar a la banca.

Uno puede llegar a comprender que en situaciones de máxima urgencia el Estado inyecte dinero público —es decir, dinero suyo y mío- en las entidades bancarias con problemas, pero con ello se producen diversos desequilibrios e injusticias manifiestas. ¿Se puede inyectar dinero público en entidades bancarias que no han sabido gestionarse? ¿Se puede inyectar dinero público en entidades en las que sus responsables cobran sueldos y pensiones millonarias? ¿Se puede inyectar dinero público en entidades bancarias con problemas pero no en pequeñas y medianas empresas con problemas? ¿Se puede inyectar dinero público –repito, dinero suyo y mío- en entidades bancarias y eliminar becas, subsidios o infraestructuras? Es más, ¿dónde ha ido a parar todo ese dinero?

Con total rotundidad, y desde cualquier punto de vista que se adopte, resulta absolutamente injustificable gastar una cantidad ingente de dinero público en empresas mal gestionadas cuyos máximos responsables no solo no están en la cárcel por su mala gestión sino que además se van para sus casas jubilados con cincuenta años y con una compensación de un millón de euros. Es más, si cogiésemos esos 87.149 millones de euros que se ha gastado el Estado y los repartiésemos entre la población activa –activos y parados- de este país con sueldos inferiores a los 1.500 euros al mes, tocaría más o menos a unos 4.000 euros por cabeza, que no sería un mal modo de reactivar la economía. Eso, en un solo año, y otros 4.000 por cabeza para el año siguiente.

Cada mes, los trabajadores vemos como nuestras nóminas se quedan en la mínima expresión por un constante aumento de impuestos y un crecimiento paulatino de los precios. Los parados, cada mes ven sus ayudas más reducidas y más difíciles de prorrogar. Los desahuciados ven como sus casas dejan de ser suyas. Los enfermos ven como tienen que esperar horas y horas en una camilla en mitad de un pasillo para ser atendidos. Y los niños españoles ven como se convierten en los más pobres de toda Europa. Un enorme expolio en beneficio de unos pocos.

81. SENTIMIENTO CATALÁN

Hace unas semanas, una conocidísima contertulia y miembro de Esquerra Republicana de Catalunya –ERC-, decía que no podía prohibírsele a una persona que se sintiera catalana. Y esa es una verdad más grande que un templo. Hay personas que se sienten catalanas igual que hay personas que se sienten gallegas, vascas, madrileñas, murcianas o españolas. Indagando por ahí, he leído incluso que existen casos de personas que dicen haber sido abducidas y que ahora se sienten extraterrestres. Del mismo modo, también hay gente que se siente feliz, gente que se siente desdichada, gente que se siente gorda, fea, rabiosa, indignada o gente que se siente superior a otros. Porque los sentimientos son así de caprichosos y tienen esas pequeñas cosas; son propios de cada individuo y nadie puede prohibirlos.

Sin embargo, una cosa es sentir y otra cosa distinta es ser. Hay gente que se siente baja y en realidad –comparada con la media- es alta, y hay gente que se siente catalana y es española. Porque ser español, a fin de cuentas, puede ser un sentimiento –que es muy personal-, pero por encima de eso es una nacionalidad. Y ahí no hay confusión posible. Desde luego, puede que uno prefiriese tener nacionalidad catalana, y eso es respetable, pero hasta que Cataluña no sea una nación, eso es imposible. Sin embargo, y quizá por ese sentimiento catalán tan arraigado de algunos, se produce en este tipo de personas otro sentimiento incluso mayor que el de ser catalán, que es el de no ser español. Y eso es mucho más grave. De todos modos, a mí también me avergüenza en muchas ocasiones ser español, especialmente cuando compruebo la incultura generalizada de nuestra sociedad que nos conduce a esos separatismos tribales tan repulsivos. Y por eso, tener que decir por el mundo adelante que soy español me escuece un poco, pero no me queda más remedio, porque lo soy. Pero yo no soy solo una cosa. A parte de ser español, también soy gallego, y me siento plenamente identificado con la cultura propia de mi tierra gallega, que desde luego no es menor que la de algunas de esas comunidades que reclaman políticamente su independencia. También soy europeo, aunque preferiría ser un egipcio adinerado en la época de los faraones. Y, además, soy humano y mamífero terrestre, aunque envidio a los delfines que se pasan todo el día tocándose las aletas en el agua. Es lo que soy, a nivel biológico o territorial, aunque a veces me sienta más o menos identificado con mi condición de europeo o de mamífero. Y como los sentimiento son así de caprichosos, seguramente muchos catalanes se sentirán también diferentes entre sí, ya que los catalanes de la aldea se sentirán diferentes a los catalanes de las ciudades, y los de la costa a los del campo, y los del campo a los de la montaña, con lo que podríamos llegar en algún momento a que cada individuo fuese una sola nación por sí misma.

A mí, sinceramente, el problema de la independencia de Cataluña me es indiferente. Creo, sinceramente, que reclamar la independencia para ser considerada una nación propia es un atraso y una estrategia política de caciques iluminados, pero cada cual es libre de elegir su propia forma de suicidio. Lo que ya no me da igual son las lecciones sobre los sentimientos. Y mucho menos dar a entender que los sentimientos justifican todo y deben ser reconocidos constitucionalmente. Así nacieron muchas formas de dictadura o de genocidio. Ahí está la historia para echarle un vistazo.

82. LA SAGA FEMINISTA

Con motivo del estreno de la última película de la exitosa saga Crepúsculo, Amanecer parte 2, he estado leyendo por ahí algunas críticas para ver lo que opinan los expertos y el público en general. De todas las críticas leídas, la que más me ha llamado la atención es aquella que dice que la saga Crepúsculo fomenta la dependencia emocional; pero no la dependencia emocional mutua, sino la dependencia emocional de la mujer. Ni más ni menos.

Según aquellos que defienden esta idea —en su mayoría mujeres-, **Bella** –la protagonista- manifiesta una dependencia brutal de **Edward** -su amado-; una dependencia que tachan de casi enfermiza. Para estos críticos, Bella es algo así como una tontucia que no sabe lo que quiere, y como es tonta, se enamora perdidamente del macho dominante, que se aprovecha de su tontuna para camelarla. Según estos mismos críticos, Bella solo piensa en el amor, como una princesita de un cuento de Disney, y no se plantea si el chico es un vampiro, si brilla cuando le da la luz del sol o si tiene las uñas de los pies demasiado largas. En resumen; que la saga Crepúsculo no trata de una historia de amor entre un chico y una chica, sino de la historia de una mujer "co-dependiente".

Yo no sé si aquellos —y aquellas- que realizan este tipo de críticas han sentido el amor alguna vez en su vida pero, visto lo visto, supongo que no. Cuando uno se enamora no hace un estudio pormenorizado de las cualidades y defectos de la persona de la que se ha enamorado. El enamoramiento —según los últimos estudios de la neurociencia- es inmediato. Existen parejas, por el contrario, que para vivir juntos hacen un balance de los pros y los contras, y enumeran un largo número de cosas que tienen en común como si el amor fuese una transacción comercial. Yo, desde luego, no critico a aquellos que no creen en el amor y que buscan a alguien compatible con el que convivir y, si hay suerte, del que enamorarse con los años. Pero, del mismo modo, considero que no es criticable que una persona se enamore de otra y no exista para ella otra cosa más importante que el amor. A fin de cuentas, hay quien prefiere vivir cinco meses de un amor tipo Romeo y Julieta y quien prefiere vivir 30 años al estilo Matrimoniadas.

Por otra parte, para hablar de codependencia, hay que echar mano de algo más que del simple y aburrido memorándum del feminismo. Si es cierto que durante una época determinada la cultura "imponía" una posición de sumisión de la mujer, también es cierto que la cultura dominante de hoy nos "impone" que una mujer para desarrollarse debe ser absolutamente independiente emocionalmente. Ambas mentalidades comparten la misma raíz, ya que no son más que transmisiones culturales y, a fin de cuentas, lo que importa es que la mujer y el hombre decidan libremente lo que hacer con sus vidas, como vivir y cómo enamorarse, al margen de machistas y feministas convertidos en iluminados de la moral propia y ajena.

Por amor uno es capaz de dejar su trabajo y atravesar el desierto en patinete, de pasar frío, de cruzar a nado y en pelotas el océano Atlántico, de dejar de fumar, de aprender chino mandarín. El amor es una de las mayores fuerzas que mueve el mundo. Pero eso sí; si quien atraviesa el desierto es un hombre, es algo maravilloso; pero si quien atraviesa el desierto es una mujer, entonces es dependencia. Hay que joderse.

83. REPARTIENDO DOLOR

Por fin llega la Navidad, y es el momento de repartir. El calvo de la lotería reparte ilusiones, la lotería reparte millones, los Reyes Magos reparten regalos y **Alberto Ruíz Gallardón** reparte dolor. Al menos, eso es lo que afirmó este buen hombre hace apenas una semana a un medio de comunicación; gobernar "a veces, es repartir dolor", dijo. Y eso es una verdad más grande que un templo; de gobernar o de gestionar una crisis, el Partido Popular no tiene ni la más mínima idea, pero en eso de repartir dolor hay que reconocer que son unas auténticas máquinas.

Yo, que soy un tipo generoso y con buenos deseos, también querría poder gobernar para repartir dolor. Y repartiría mucho, pueden creerme. No querría por nada del mundo que nuestros políticos creyesen que los ciudadanos somos unos seres egoístas, así que repartiría entre sus señorías todo el dolor que padecemos para que ellos también pudiesen disfrutar de nuestros padecimientos. Para que nuestros gobernantes pudieran disfrutar del dolor que padecemos los ciudadanos, les regalaría para empezar unas pensiones de unos 400 euros sin subida del IPC hasta el día del juicio final. Por supuesto, la paga extra no la iban a oler ni en sus mejores sueños. También les regalaría una cartilla del paro de larga duración, y un contenedor de basura para que pudiesen disfrutar del placer de hurgar entre la mierda que tiran los demás para poder llevarse algo a la boca. También les regalaría la imposibilidad de utilizar el sistema judicial, subiéndoles las tasas hasta el punto justo de que no pudieran pagarla. Y a todos los políticos indultados por los distintos partidos políticos les regalaría unos cuantos años de prisión para que pudiesen disfrutar de nuestro sistema penitenciario. Como nuestro gobierno también está repartiendo dolor convirtiendo las siglas de la Seguridad Social en las siglas de la Schutzstaffel nazi, al dificultar su uso con restricciones de acceso a hospitalizaciones, a pruebas de diagnóstico, cobrando por receta, cobrando a personas con cáncer por el uso de las ambulancias, etc., yo les regalaría a sus señorías alguna que otra dolencia, pero sin que pudieran usar los magníficos y carísimos seguros privados que tienen contratados. También les regalaría personas dependientes a su cargo pero sin darles un duro de la ley de dependencia. Por supuesto, les subiría las tasas universitarias para que las matrículas de sus hijos les costasen un riñón. O los dos, que puestos a ser generosos no hay que reparar en gastos. Y, cómo no, les quitaría profesores de los colegios donde tienen matriculados a sus hijos, incluidos profesores de Pedagogía Terapéutica y Auxiliares Técnicos Educativos.

Nuestros políticos toman medidas dolorosas a sabiendas de que son dolorosas, y lo hacen porque saben que a ellos y a los suyos estas medidas no les van a afectar lo más mínimo. Por eso, yo les deseo todo el dolor posible, con la sana intención de que experimenten en sus propias carnes el dolor que sufren los demás y, de ese modo, comiencen a gobernar desde la experiencia. Estoy seguro de que con ello, su política sería bien distinta. Para todos los demás; feliz Navidad.

84. DEMASIADO AMABLES

En España los casos de corrupción ya nos han desbordado por completo. A pesar de sus recíprocos y absurdos reproches basados en el ya consabido lema de "y tú más", casi todos los partidos políticos de nuestro país cuentan con algún caso de corrupción en su historia: el PSOE, el PP, CiU, Coalición Canaria, el PAL, Unión Mallorquina, UPN, PNV, Izquierda Unida, BNG, etc. Y no existe casi ninguna institución ni administración pública que se libre de este tipo de casos; ayuntamientos, concejalías, gobiernos autonómicos, consejerías, gobiernos centrales, ministerios, casa real, fundaciones, empresas privadas.

Es frecuente que en un país de ladrones como es España existan más casos de corrupción que en el global de todos los casos del resto de Europa juntos. Aunque no lo he comprobado, me atrevería a aventurar que en cuanto a corrupción estamos al nivel de algunos países africanos. Es parte de nuestra ancestral naturaleza pícara. Pero, para nuestra desgracia, seguramente los casos de corrupción que han salpicado en estos últimos años las portadas de los medios de comunicación son solo la parte más visible de una corrupción generalizada e institucionalizada. Toda la normativa aplicable, toda la legislación tributaria, todas las leyes fiscales, todas las leyes penales benefician directa o indirectamente al corrupto, al defraudador, al ladrón. Robar sale barato. Acuerdos bajo mano, contratas a cambio de favores, familiares enchufados, puestos de trabajo en empresas privadas para cargos púbicos a cambio de esto y lo otro, fundaciones para blanquear dinero, o para distribuir dinero, o para justificar gastos inexistentes, o para recibir subvenciones del estado y repartirlas entre varios, cuentas en Suiza, trajes, obras públicas licitadas a amigotes,... En fin, dinero, dinero, dinero. Dinero, eso sí, público; dinero que debería ir destinado a personas dependientes, a becas para el estudio, a la mejora de los centros hospitalarios, a mujeres maltratadas, a comedores escolares, al aumento de las pensiones de los jubilados, a las perreras municipales, a la Cruz Roja, a la investigación contra enfermedades, a la mejora de los puntos negros,... Dinero, en definitiva, suyo y mío, de mi padre y de mi madre, dinero de mis hijos.

Hay unos versos del famoso escritor alemán **Bertolt Brecht** (1898 – 1956) pertenecientes a un hermoso poema titulado "A los hombres futuros" que dice *"Desgraciadamente, nosotros, que queríamos preparar el camino para la amabilidad no pudimos ser amables"*. Nosotros, los ciudadanos españoles que siempre hemos respetado la legalidad, que siempre hemos acatado las medidas justas o injustas de los diferentes gobiernos nacionales y autonómicos, nosotros que somos los encargados de construir un mundo donde nuestros hijos no sean pisoteados ni maltratados por el poder, nosotros, somos demasiado amables; demasiado amables con los partidos políticos a los que no les interesa atajar esta sangría, demasiado amables con los partidos políticos que no legislan para que se corrija esta situación, demasiado amables con los jueces que no levantan la voz, demasiado amables con las instituciones españolas con cuentas en Suiza, demasiado amables con este poder absolutista de los corruptos, los mal gobernantes y los empresarios esclavizadores. Demasiado amables.

85. MARCA ESPAÑA

Diego Martínez Santos es un joven español que tiene un contrato de tres años con el Instituto de Física de Partículas de Holanda, una de las mejores instituciones de Europa en este campo. Sin embargo, Diego Martínez quería volver a España. Lo intentó gracias al programa Ramón y Cajal, que busca revertir la "fuga de cerebros" trayendo de vuelta a los mejores talentos científicos en el extranjero. Sin embargo, la comisión de "expertos" de este Programa le denegó su solicitud porque, al parecer, su currículum no estaba a la altura. Pero como la estupidez siempre queda al descubierto, ese mismo día, la Sociedad Europea de Física le otorgó a Diego el premio al mejor físico joven de Europa en reconocimiento a su trabajo en el experimento LHCB del Gran Colisionador de Hadrones en el CERN de Ginebra. Está claro que con decisiones tan encontradas, alguna de las instituciones ha pecado de soberana estupidez. Tras conocerse la noticia, muchos medios de comunicación lo llevaron a sus portadas y miles de personas se echaron las manos a la cabeza. Sin embargo, la sorpresa no debería ser tanta. En nuestro país, la valoración profesional poco tiene que ver con el trabajo o los estudios, ya que lo que prima es el compañerismo mal entendido y el ser un cachondo y un fiestero. Como señalaba **Juan José Saborido Silvia**, coordinador del Grupo de Altas Energías de la Universidad de Santiago, donde Diego realizó la tesis, "una persona con una reputación seria en Europa no se valora en España". Y es que, a pesar de nuestra sorpresa, los datos hablan por sí solos. En España, el 45,9% de los ciudadanos mayores de 18 años que han participado en un estudio de la Fundación BBVA ha sido incapaz de nombrar a un científico. Ni vivo ni muerto. Ni español ni extranjero. En Dinamarca, la cifra sólo llegó al 14,7%, mientras que en Italia, la subcampeona del desconocimiento, la cifra alcanzó el 30,5%. En otro estudio de la misma fundación –donde España siempre queda en último lugar- que consistía en un sencillo test de veinte sentencias, el 65% de los españoles creía que los tomates que come no tienen genes, y que el efecto invernadero está causado por la energía nuclear. Hace poco más de un par de años, el programa El Intermedio de La Sexta envió a una de sus reporteras a la calle para preguntar a la gente qué sabían de España. Algunos de los encuestados aseguraron que la bandera española tenía ni más ni menos que tres colores; el rojo, el amarillo y el morado. Otros encuestados no supieron responder a la pregunta de quién era el jefe de Estado español y mucho menos cuántas comunidades autónomas forman España. En el colmo de la incultura, los encuestados tampoco supieron decir quiénes habían sido los presidentes españoles durante la democracia, y eso que son pocos. En otras muchas y diversas encuestas realizadas, también se ha comprobado que los españoles no conocen el nombre de sus premios Nobel, ni saben lo que es la Armada Invencible, ni saben el año del descubrimiento de América. Tampoco conocen a **Antonio López** ni a **Góngora** ni a **Albéniz** ni a **Sorolla** ni a **Miguel Hernández** ni a **Joaquín Rodrigo**, ni saben encuadrarlos en ninguna disciplina y mucho menos el nombre de algunas de sus obras. Sin embargo, el ciudadano español medio sí conoce a **Belén Esteban**, y a **Miriam**, y a **Pipi**, y a la **Campa**. Del mismo modo, también saben decir el nombre de todos los jugadores del Real Madrid o del F.C. Barcelona, o el nombre de alguno de los concursantes de Gandía Shore, Gran Hermano, Mira quién salta o de Hombres y mujeres y viceversa. Y es que la verdadera "Marca España" es la incultura. Pero, en el colmo de la estupidez, en vez de avergonzarnos e intentar mejorar, nos jactamos de ello.

86 JUSTICIA REAL

Imagínense un partido de fútbol. Imagínense ahora que el jugador de un equipo comete una falta, y luego otra, y otra, y así hasta veinte o treinta faltas a distintos jugadores del equipo rival. No contento con eso, el jugador en cuestión va hacia el banquillo y le baja los pantalones al entrenador contrario. Luego, él mismo se baja los pantalones y comienza a mear sobre el césped. Al acabar el partido, el jugador se va a los vestuarios del equipo rival y les roba las botas y las camisetas. Evidentemente, ante semejante comportamiento, todos los espectadores esperaríamos una sanción ejemplar para dicho jugador. Pues bien; en España hay miles de delincuentes que han cometido más de quinientos delitos por hurto y están en la calle. Así de sencillo y así de vergonzoso. Tal como entran, así salen de los juzgados. Tal vez por eso la justicia es tan lenta en España; porque siempre se está juzgando a los mismos, como si fuese un juego infantil de polis y cacos donde nadie se juega nada.

Desde una perspectiva completamente absurda propiciada por psicólogos de mercadillo y jueces de pandereta, en España se valoran mucho los derechos individuales de los robadores pero nunca de los robados. Alguien te puede robar, por ejemplo, la radio de tu coche sin que le pase absolutamente nada. Podría pensarse que la radio de un coche es algo insignificante como para castigar a alguien. Sin embargo, muchísimas personas han luchado mucho a lo largo de su vida para conseguir esa radio, sacrificándose personal y económicamente para realizar sus estudios, sacrificándose para conseguir un trabajo y –finalmente- sacrificándose para comprar ese coche con esa radio; todo para que luego venga el vividor de turno –que suele ser el que ni estudia ni trabaja, ni ganas que tiene- para destrozarte en quince minutos lo que uno lleva treinta años luchando. Todo esto del robo sin castigo ha llegado a hacerse tan habitual que hace unos meses le robaron en la vivienda a un tío mío y la compañía de seguros le dijo que sacase él mismo las fotos de los destrozos.

En España, alguien puede dejar de pagar la cuota de la comunidad de propietarios que no le pasará nada. Lo mismo sucede con aquellos vecinos ruidosos o violentos. Tampoco les pasa nada a los carteristas del metro de Madrid o de las Ramblas de Barcelona que cometen cinco o seis delitos al día. Ni tampoco a los que aparcan en la zona de minusválidos, o a los que dejan las botellas de cristal tiradas por la calle, o a los que se mean en los portales, o a los que dejan a sus perros defecar en cualquier parte. Ni tampoco te pasa nada si robas durante años y te llamas Urdangarín. O si cobras dietas en negro de tu partido. O si matas a una niña y no aparece el cadáver.

España es un país de injusticias, donde vienen a residir los delincuentes de todo el sistema planetario conocedores de nuestra debilidad judicial, donde vienen los jóvenes extranjeros de borrachera porque nos consideran un estercolero. Las normas básicas de convivencia sociales están para ser cumplidas, porque a todos nos cuesta mucho levantarnos a las siete de la mañana para conseguir un jornal. Es a esas a las personas a las que hay que defender, y no a los que se ganan su jornal robándoles el jornal o la vida a los otros.

87. REGRESO AL PASADO

Yo siempre había pensado que "evolucionar" significaba ir hacia adelante, mejorar, corregir errores, crecer, desarrollarse..., pero estaba equivocado. Aprovechando los meses de estío, tal vez por eso de que en verano la gente está más despreocupada y ociosa, el Fondo Monetario Internacional –ese organismo viral que es para la economía tan nocivo como el ébola para el cuerpo humano- aconsejaba recortar los sueldos a los españoles un 10%. En esa misma línea, tan propia del progreso, **Olli Rehn**, el vicepresidente económico de la Comisión Europea –otro organismo viral- defendía esos recortes salariales propuestos para España por el Fondo regentado por **Christine Lagarde**. La intención, según estos expertos que han hundido la economía del mundo para luego convertirse en salvadores, es producir lo que se llama una "devaluación interna", con la pretensión de que los productos tengan menos costes y ser así más competitivos. Y lo dicen precisamente ellos, una señora que nada más tomar posesión de su cargo se subió el sueldo un 11% y que cobra cerca de 30.000 euros al mes libres de impuestos y un caballero cuyo sueldo es de 24.000 euros mensuales, muy por encima del sueldo anual –repito, anual- medio de un español.

España se está convirtiendo en uno de los países más miserables del mundo. Miserable económica y moralmente. En estos últimos años, el sueldo medio de un trabajador ha pasado de los 1000 a los 800 euros mensuales, algo vergonzoso para lo que se supone es un país desarrollado. Un 10% menos de salario supondría dejarlo en unos 720 euros, un sueldo que no llega a ser ni el salario mínimo interprofesional de la gran mayoría de los países europeos. Por si esto fuera poco, nuestro país cuenta con unos impuestos elevadísimos, un precio de la electricidad insoportable, un precio de la vivienda escandaloso, un precio de telefonía móvil insufrible y un precio de la gasolina prohibitivo. Es decir, en España somos Europa en cuanto a los precios y a los impuestos y somos África en cuanto a los sueldos. Y, a pesar de estos datos, todos los organismos internacionales aplauden la mejora macroeconómica del país. Sin embargo, solucionar los problemas dejando morir a los ancianos o fomentando el esclavismo o dejando que las empresas se lucren a costa del sacrificio ajeno, es relativamente sencillo. Justificar unas medidas tan duras como las que estamos sufriendo los españoles -cobrando sueldos miserables y trabajando más horas de las debidas- es terriblemente peligroso, porque con la falacia de la mejora de un país corremos el riesgo de justificar en un futuro las 10 horas diarias laborables, la eliminación de la sanidad pública, la eliminación de la educación pública, la erradicación de las pensiones y, más adelante, el trabajo a cambio de la comida, la utilización de menores para ciertos trabajos o la captura de negros en África para venderlos en la Plaza de Cibeles al mejor postor. Sin embargo, si nos ponemos a recuperar medidas de siglos pasados, yo sin duda ninguna me quedo con 1789. Seguro que la economía de los ciudadanos iría mucho mejor.

88. ARDE GALICIA

Galicia, uno de los pocos pulmones que nos quedan en España, arde de nuevo. Lo sucedido durante este último dramático verano, sin embargo, no es ninguna novedad. Cada año -desde hace más de una década-, Galicia arde y arde como una hoguera de San Juan en los meses de primavera, verano y otoño. Y, año tras año, oímos los mismos lamentos y las mismas absurdas excusas por parte de los responsables de medio ambiente. Incluso, tras los últimos incendios, uno de dichos responsables llegó a afirmar sin ruborizarse que todos los efectivos autonómicos y del Estado realizan su labor con gran profesionalidad, muchas horas de dedicación y buena coordinación, como si esa labor a posteriori diese validez a la inútil gestión a priori. Apagar incendios –hasta donde yo sé- no es, precisamente, un logro.

No conozco las cifras exactas, pero así –a ojo de buen cubero- uno se atrevería a afirmar que casi la totalidad de los incendios sucedidos en Galicia son provocados. De hecho, en otros países del mundo con un clima mucho más cálido también existen cristales en el campo o gente descuidada que arroja cigarros o que hace barbacoas y no pasa nada. Muy probablemente, tras esos incendios provocados, existen intereses urbanísticos, empresariales, rencillas vecinales o incluso intereses profesionales. Los gallegos conocemos muy bien la forma que tienen los artefactos incendiarios que se lanzan desde ciertas avionetas. Sea como fuere, el medio ambiente es un bien de todos y, como tal, debe ser protegido. Y para protegerlo, el Ministerio de Medio Ambiente señala que los cuerpos y fuerzas de seguridad del Estado y la policía autonómica detienen cada año a cientos de personas vinculadas con los incendios forestales. Pero es que –

como sucede en España con todos los delitos- el problema no está en las detenciones, sino en las condenas. Si bien el Código Penal contempla penas de hasta 20 años de cárcel por acciones de este tipo, la sentencia más dura fue dictada por la Audiencia Provincial de Málaga el 7 de septiembre de 2006, en la que un ciudadano en tratamiento psiquiátrico fue condenado a ocho años de cárcel y 385.000 € de multa por provocar de manera intencionada un incendio forestal en julio de 2001 en el municipio de Ojén, fuego que calcinó 270 hectáreas. El incendiario, como también suele ser frecuente, era reincidente, ya que había sido condenado por quemar 300 hectáreas en el año 1999. Por el resto, la mayor parte de los detenidos por incendio no entran ni siquiera en la cárcel, quedando en libertad para poder seguir quemando hectáreas y hectáreas al año siguiente.

Los españoles nos hemos acostumbrado a los incendios en Galicia. Los hemos asumido. Tanto es así que no sería extraño que dentro de poco en las webs de apuestas se pueda apostar por el número de incendios y de hectáreas quemadas. Pero la quema del bosque es una tragedia que no solo provoca daños directos. Quien quema un bosque quema árboles que han crecido durante años, quema animales que se encuentran atrapados, quema las casas de las personas, quema la belleza de un paisaje labrado a lo largo de los siglos. Pero sobre todo -no debemos olvidarlo- quien quema un bosque quema la vida de la que depende nuestra vida. Y también la de nuestros hijos.

89. UN PAÍS DESHONESTO

Según se ha sabido, la famosa revista estadounidense Reader's Digest, ha publicado recientemente los resultados de la clasificación de las "ciudades más honestas". Para realizar esta clasificación, los investigadores de la revista dejaron 12 billeteras cerca de parques, en centros comerciales y en las calles de 16 grandes ciudades y contó cuántas de ellas fueron devueltas. El contenido de las billeteras era el mismo para todos los casos: fotos familiares, datos de contacto y 50 dólares. Como era de esperar, fue una ciudad escandinava –Helsinki- la que se situó en el primer lugar de la lista, donde se devolvieron 11 de las 12 billeteras. Sin embargo, tras comprobar el ranking, podemos observar también que la "honestidad" de las ciudades nada tiene que ver con si la población es pobre o rica, ya que Bombay se situó en segundo lugar, con 9 billeteras devueltas. La clasificación –para los curiosos- fue la siguiente: 1. Helsinki, Finlandia (11 de 12 billeteras devueltas); 2. Bombay, India (9/12); 3. Budapest, Hungría (8/12); 3. Nueva York, Estados Unidos (8/12); 5. Moscú, Rusia (7/12); 5. Ámsterdam, Holanda (7/12); 6. Berlín, Alemania (6/12); 7. Liubliana, Eslovenia (6/12); 9. Londres, Inglaterra (5/12); 9. Varsovia, Polonia (5/12); 11. Bucarest, Rumania (4/12); 11. Río de Janeiro, Brasil (4/12); 11. Zúrich, Suiza (4/12); 14. Praga, República Checa (3/12); 15. Madrid, España (2/12); 16. Lisboa, Portugal (1/12). Visto los resultados, ahora entendemos por qué no nos dieron las olimpiadas, porque entre los políticos corruptos, las constructoras ladronas y los ciudadanos deshonestos, al final hubiéramos robado hasta las gradas de los estadios.

Es cierto que este tipo de clasificaciones pecan de graves defectos de forma y que no se pueden tomar como verdades absolutas, pero también es cierto que Madrid es la capital deshonesta de un país deshonesto. De hecho, cada año que vuelvo a Madrid me duele comprobar la decrepitud de la ciudad, donde la prostitución, el alcohol, la venta de bebida y comida ilegal y las drogas pululan con total libertad en la mismísima Puerta del Sol. Pero, al margen de que nos hayamos convertido en un país de "putiferio", - donde muchos extranjeros vienen a España para emborracharse, fornicar, tomar drogas y saltar por los balcones-, el principal problema es la falta total y absoluta de normas y valores que sufrimos como sociedad. La moralidad, los principios y la ética han sido sistemáticamente eliminados de la vida diaria de los ciudadanos, de las empresas y de los centros educativos. Gracias a ciertas ideologías políticas –apoyadas por los fantásticos programas televisivos que generan opinión- la ética se ha convertido en sinónimo de antiguo, de rancio, de poco moderno, de poco enrollado. Y así, al fin, hemos conseguido un hermoso país donde robar, mentir, falsear datos para cobrar subvenciones, aparcar el coche en doble fila, o en zona de minusválidos, lavar el coche en los aparcamientos con agua comunitaria, fumar en los ascensores y tirar la colilla en los pasillos, dejar botellas de cerveza en las aceras, dejar a los hijos que corran y griten en los restaurantes, mear en los portales, no saludar al entrar o despedirse, reírse de los que son cultos, abanderar la ignorancia como un modo de vida, colarse en las colas, copiar en los exámenes, despreciar la poesía y la música clásica, es la norma y no la excepción.

90. VIDAS PREFERENTES

Actualmente tiene 87 años. Nació en un pequeño pueblo castellano en el año 1926. Sufrió las duras consecuencias de una Guerra Civil y de la hambruna de la posguerra. Prácticamente no pudo acceder a la escuela, y comenzó a trabajar a los doce años. Tras cincuenta y tres años de duro trabajo y sacrificio, de miles de horas de sudor, logró ahorrar unos treinta y tres mil euros. Ya jubilado, con problemas de visión y movilidad, decidió invertir ese dinero en un depósito bancario, a plazo fijo y recuperable. El trabajador de la entidad bancaria le ofreció un producto maravilloso que, según le informó verbalmente, le daría una gran rentabilidad y gracias al cual podría disponer del dinero cuando quisiese. Le puso un papel delante repleto de palabrería técnica y compleja y el hombre firmó. Cuando quiso recuperar una parte de su dinero, en el banco le informaron de que no podía disponer de él hasta el vencimiento, que era el año 2025.

No creo que sea muy atrevido pensar que el trabajador de la entidad bancaria conocía a la perfección que lo que le estaba ofreciendo a este hombre eran las conocidas como "preferentes", y que también conocía a la perfección los plazos y los riesgos de este producto. Sin embargo, decidió no informar correctamente a su cliente –por no decir abiertamente que le engañó - sin ponerse en ningún momento en el lugar de este hombre. Como este caso o similares, hay miles en toda España; personas con alzheimer, personas con problemas de comprensión, analfabetos, minusválidos, etc., a los que les encasquetaron un producto complejo con grandes riesgos que ninguna persona sin conocimientos de inversión hubiera firmado en su vida.

Miles de empleados de entidades bancarias son culpables de haber "engañado" a miles de clientes para contratar este tipo de productos. La falta de ética de estos trabajadores es tan escandalosa que los convierte en seres absolutamente despreciables por los perjuicios causados a este tipo de personas, ya que queda más que demostrada la intencionalidad y la premeditación de un engaño. Sin embargo, muchos de estos trabajadores siguen en sus puestos de trabajo sin que se les caiga la cara de vergüenza ni sin que hayan pedido en una carta pública perdón a sus víctimas.

Pero si este tipo de seres son despreciables, aún lo son más aquellos que dirigen estas entidades bancarias. Todos ellos eran conocedores de los riesgos de este tipo de productos y fustigaron a sus empleados para que los colocasen lo antes posible, fuese a quien fuese y del modo que hiciese falta. Sin embargo, gracias a las leyes de este país que benefician a los ladrones y criminales, ninguno de ellos está en la cárcel. Todo lo contrario; mientras miles de afectados por las preferentes han perdido todo o gran parte de sus ahorros luchados tras millones de horas de trabajo y esfuerzo, los responsables de su ruina siguen en altos cargos con sueldos multimillonarios, riéndose a carcajada limpia y tomando güisqui de cincuenta años.

Nuestros políticos siempre nos recuerdan a los ciudadanos que hay que respetar la democracia. Pero, ¿qué tipo de democracia es aquella donde la vida y los privilegios de los que se lucran inmoralmente valen más que la vida de la gente decente y trabajadora?

91. ENFERMEDAD POLÍTICA

Hace unos días, la vice-consejera de Asistencia Sanitaria de la Comunidad de Madrid, la señora **Patricia Flores**, preguntaba así, al aire, si "¿tiene sentido que un enfermo crónico viva del sistema?". Esta buena mujer cuya capacidad de gestión ya ha quedado en entredicho en infinidad de ocasiones, no se preguntaba -por ejemplo- si las listas de espera son absolutamente insostenibles, si es normal que una mujer tenga que esperar un año para hacerse una mamografía, si se invierte lo suficiente en sanidad, si es necesario que todos los inútiles que gestionan la sanidad en este país se vayan al paro por su absoluta ineficacia, sino que se preguntaba si un ciudadano con una diabetes —por ejemplo- debería seguir recibiendo tratamiento con dinero público.

Posiblemente, de toda la estupidez que contiene esa pregunta, lo más ofensivo e insultante es la parte que se refiere a "vivir de sistema". Vivir del sistema quiere decir "aprovecharse" del sistema; es decir: utilizar el sistema en beneficio propio sin tener necesidad. Eso, hasta donde yo sé, los únicos que lo hacen son los políticos y los responsables de las entidades financieras. Ellos, sin duda, son los que "viven" del sistema, porque son ellos quienes lo legislan y quienes lo manejan a su antojo. Así, por ejemplo, tenemos a políticos inútiles o que han destrozado la economía del país o la educación o cualquier otra parte del sistema que viven de lujo con coche oficial y con una pensión que supone multiplicar por veinte la pensión media española. O a todos los banqueros que han hundido a sus entidades —arrastrando y arruinando a miles de ciudadanos- y que siguen disfrutando de un empleo magnífico, de chófer y que comen en restaurantes de lujo donde se les trata de usted. El resto de ciudadanos, por lo general, no vivimos del sistema; lo único que hacemos es trabajar a destajo y pagar una cantidad indecente de impuestos para tener unos servicios que, por lo general, son ineficaces debido a que esos impuestos se dedican a financiar a bancos y urdangarines, en vez de revertir en la mejora de la sociedad.

Una enfermedad es una desgracia que puede llegarle a cualquiera y en cualquier momento. Lo único que se puede hacer por los enfermos crónicos y también por nuestros mayores —que son los que en su mayoría sufren ese tipo de enfermedades- es devolverles en atención y cuidados todo el esfuerzo que han realizado durante años. La solidaridad se basa, precisamente, en que la suma de nuestros esfuerzos individuales sirva para atender las necesidades de todos aquellos que sufren una situación personal, sanitaria o económica problemática. Ese es el sentido de la democracia y de la justicia social.

Sin lugar a dudas, lo único y mejor que se puede hacer ante cualquier tipo de enfermedad es erradicarla lo antes posible. Por eso, y por el bien de todos, lo mejor que podemos hacer como sociedad para poder disfrutar de unos mejores servicios —una mejor sanidad, una mejor educación, una justicia mejor, mejores carreteras- es suprimir de una vez por todas a todos aquellos políticos que se han convertido en una enfermedad crónica e insostenible para la democracia y para la propia sociedad.

92. LA INCULTURA EN ESPAÑA

Ninguno de nosotros somos seres nacidos de manera espontánea. Detrás nuestra existe toda una historia de personas que ocuparon este mundo antes que nosotros y un futuro de personas que lo ocuparán cuando nosotros nos hayamos ido. Hay a nuestro alrededor toda una cultura ancestral que nos hace ser como somos; hay batallas, sudor y sufrimiento; hay victorias y derrotas; hay familiares que sufrieron esto o aquello para darles un porvenir mejor a sus familiares e hijos; hay personas que —una tras otra- nos dejaron una herencia determinada. Y, al fin, somos como somos gracias o por culpa de la cultura que respiramos día a día; somos como somos gracias o por culpa de aquellos que engendraron a quienes nos engendraron desde el principio de los tiempos.

Cuando uno piensa en la cultura de Estados Unidos, por ejemplo, le viene a la cabeza de manera inmediata Elvis Presley, Janis Joplin, George Washington, Abraham Lincoln, Gene Kelly, Fred Astaire, Marylin Monroe, John F. Kennedy, los estudios de Hollywood, la Casa Blanca, Central Park, la 5ª Avenida, el Cañón del Colorado, Frank Sinatra, Muhammad Ali, Alfred Hitchcock —aunque naciera en Londres-, Eleanor Roosevelt, Edgar Allan Poe, Hernes Hemingway, Willian Faulkner, Carl Sagan, la Guerra de Indpendencia, Andy Warhol, el General Patton, el Jazz, el Country y un sinfín de nombres más.

En España no tenemos a Elvis Presley, ni a Alfred Hitchcock, ni a Carl Sagan. Sin embargo, tenemos a Manolo Escobar, a Nino Bravo, a Alfrendo Landa, a Fernando Fernán Gómez, a José Luis López Vázquez. Tenemos a Velázquez, a Salvador Dalí, a Antonio López, a Goya. Tenemos la Catedral de Santiago, y la de Burgos, y la Sagrada Familia. Tenemos los acantilados más altos de Europa. Tenemos a Alejandro Amenabar, a Carlos Saura. Tenemos a Antonio Muñoz Molina, a Quevedo, a Miguel de Cervantes. Tenemos nuestra Guerra Civil –de la que nada hemos aprendido-, nuestra Reconquista. Tenemos al Gran Capitán -don Fernando González de Córdoba-, a Cristóbal Colón, a Pizarro, al Almirante Blas de Lezo, a Don Pelayo, a Felipe II, a la Armada Invencible. Tenemos a Gregorio Marañón, a Severo Ochoa, a Ramón y Cajal. Tenemos la Copla, el Flamenco, la Zarzuela, el Corral de comedias de Almagro, el Teatro romano de Cartagena y un sinfín de nombres más.

Tenemos todo eso y mucho más. Sin embargo, lo que diferencia a las sociedades avanzadas de las que no lo son es que en las sociedades avanzadas sus ciudadanos conocen, respetan y aprenden de su historia –la buena y la mala-, mientras que en las sociedades atrasadas sus ciudadanos no respetan ni conocen ni aprenden nada de lo que ha sucedido con anterioridad a ellos mismos. Así, en España, ninguno de esos nombres forman parte de nosotros, porque los españoles enseguida nos avergonzamos de nuestro pasado, nos avergonzamos de nuestra propia cultura ancestral, y los jóvenes –y no tan jóvenes- españoles rechazan en todo momento aquello que es antiguo porque lo consideran viejo y rancio, de tal modo que en nuestras vidas solo hay espacio para la novedad, que casi siempre viene de fuera. Y, por esa razón, en España reina la incultura, porque como sociedad no sabemos ni de dónde venimos ni adónde vamos.

93. PISA MORENA

El informe PISA conocido esta semana nos desvela que España está más o menos donde estaba hace una década, es decir; en los últimos puestos en materia educativa. Según los resultados de esta evaluación realizada a escolares de 15 años, de 34 países examinados, España ocupa el 25° en Matemáticas, el 23° en Lectura y el 21° en ciencias. En conjunto, el rendimiento académico de los estudiantes españoles no empeora, pero sigue igual de mal, porque España aparece de nuevo situada significativamente por debajo del promedio de la OCDE en las tres áreas examinadas.

Estos resultados tan penosos, tan vergonzosos, son el producto de diferentes causas. Uno de los problemas que perjudican claramente el nivel de nuestros jóvenes es el continuo cambio de leyes educativas que sufren. Durante la democracia, el sistema educativo ha estado regulado por ni más ni menos que ocho leyes: la LGE de 1970, la LOECE de 1980, la LODE de 1985, la LOGSE de 1990, la LOPEG de 1995, la LOCE de 2002, la LOE de 2006 y ahora la LOMCE de 2013. Es evidente que si no existe un acuerdo entre los distintos sectores de la educación y las leyes educativas se politizan, difícilmente se puede ofertar una educación coherente y de calidad, especialmente si cada comunidad autónoma puede realizar su propio currículo como le venga en gana y no se cuenta con la participación del profesorado.

Aparte de los políticos, lógicamente, también tienen responsabilidad los docentes. Hoy en día tenemos alumnos del siglo XXI y maestros del siglo XX. En muchos casos, los docentes no cuentan con una preparación adecuada para afrontar los retos educativos del futuro, ya que se olvidan de seguir formándose en temas relacionados con la educación, especialmente porque el sueldo tanto para los que poseen un currículo brillante como para los que no, es el mismo. Además, los docentes han permitido la injerencia de políticos, padres, pedagogos y editoriales, quedando relegados a una función meramente asistencial en lugar de educadora.

Como los alumnos son menores de edad y no se les puede responsabilizar de su falta de interés, sacrificio, esfuerzo y gusto por el aprendizaje, otra parte importante de la responsabilidad en estos vergonzosos resultados la tienen los padres. Como ya hemos comprobado en distintos informes internacionales, los adultos españoles tampoco vamos muy sobrados de cultura y conocimientos. Los resultados del informe PISA para adultos así lo demuestra. Tal vez por ello, los padres de hoy en día no le otorgan el valor que se merece a la educación ni a aquellos que la sustentan, que son los docentes. Para la sociedad en general, los profesores son una panda de vagos que tienen demasiados meses de vacaciones. Nada más. Como hoy en día las familias ya no representan el estatus de educadores de valores como lo eran antaño, los alumnos llegan a los centros sin ningún tipo de habilidades para aprender y, de ese modo, cerca del 40% de los alumnos repite en alguna ocasión a lo largo de la Educación Primaria y Secundaria Obligatoria sin que a los padres les importe lo más mínimo, porque social y laboralmente no se valora si uno tiene estudios o si no los tiene; cobra más un albañil de segunda que un médico de primera.

La educación en nuestro país es un desastre, pero no hay por qué alarmarse, porque está consonancia con lo que es el propio país. Cuando en una sociedad el programa cultural más visto es Sálvame y los "escritores" más vendidos son los que participan en dicho programa, lo demás está visto para sentencia.

94. VISIT SPAIN

Según hemos sabido, España ha vuelto al podio del turismo mundial en 2013, después de arrebatar a China el tercer puesto por número de visitantes. Según los últimos datos de la Organización Mundial del Turismo (OMT), nuestro país recibió la visita de 60,6 millones de turistas, un 5,6% más respecto al año anterior, siendo nuestros principales visitantes los ciudadanos del Reino Unido, con 14,3 millones de británicos; Alemania, con 9,8 millones y Francia, con 9,5 millones. Por delante de nuestro país, tan solo Estados Unidos —con 67 millones- y Francia —con cerca de 83 millones de visitantes anuales-. Excepto Madrid, que perdió un 5,3% de turistas, la mayor parte de las comunidades autónomas mejoraron significativamente sus resultados, llegando incluso algunas de ellas a superar su máximo histórico.

Aunque, por lo que significa económicamente para nuestro país, me alegro por estos magníficos resultados, me sigue preocupando la razón por la que los extranjeros nos eligen para hacer turismo. Lógicamente, buena parte del éxito del 2013 guarda relación con la debilidad de otros competidores: según las cifras de la Organización Mundial del Turismo, muchos países -como Turquía o los países árabes- perdieron millones de visitantes debido a la inestabilidad política que viven, y gran parte de los turistas que elegían esos destinos terminaron en España. Sin embargo, aunque es cierto que muchos turistas acuden a España de vacaciones por su oferta cultural, un porcentaje nada despreciable visitan nuestro país por la fama que tenemos de cachondos y fiesteros. Es decir; por ahí adelante tienen la idea —cierta, por otro lado- de que en España los locales abren hasta las tantas, se es muy permisivo con los borrachos que vomitan en las aceras, el sexo está casi asegurado y se puede acceder al alcohol y a las drogas con una pasmosa facilidad. Prueba de ello es que el perfil medio del turista que visita nuestro país no se caracteriza precisamente por ser un turista de alto poder adquisitivo, sino -más bien- de bocadillo y bañador.

Aparte de esta imagen que damos, existe otro tema relacionado con el turismo que también me resulta preocupante. El año pasado, el turismo español al extranjero bajo cerca de un 6%. Asimismo, en 2012, los viajeros españoles fueron los que menos desembolso hicieron al viajar al extranjero -102 euros de media- y los terceros que menos pagaron por una habitación y noche en su propio país -73 euros-.

Entiendo que nuestros políticos estén contentísimos con estos magníficos resultados sobre el turismo que recibimos. Sin embargo, y sobre todo, debería preocuparles que los españoles apenas podamos salir de nuestro propio país, y que cuando lo hacemos tengamos que echar tantas cuentas para gastar lo menos posible, porque la riqueza de un país no se mide tanto por los turistas que recibe como por la cantidad de turistas que puede exportar. Y en ese sentido, queda claro que somos pobres de solemnidad.

95. UN PAR DE HOSTIAS

Se cuenta que en un pueblo pequeño y pobre nació un niño cuyos padres querían a toda costa que fuese músico. Para conseguir este objetivo, los padres llevaron al niño a clases particulares y, posteriormente, al conservatorio de la capital. A pesar de que el chaval era un poco zopenco, la obstinación de los padres era tal que a base de castigos consiguieron que su hijo fuera pasando curso a curso hasta acabar sus estudios de música. Tras aquello, lo enviaron a estudiar a Estados Unidos, donde residió varios años y se convirtió en un músico con cierto prestigio. Como agradecimiento a tanto esfuerzo paterno, el hijo regresó a su pueblo después de muchos años para interpretar gratuitamente ante todos sus vecinos y la prensa local su última composición, una obra moderna llena de acordes tan monorrítmicos como adormecedores. Al terminar la interpretación, un periodista se acercó a un anciano y le preguntó: ¿qué piensa de la ejecución? El hombre se quedó pensando y después de un rato dijo: hombre, tanto como la ejecución, no… pero un par de hostias…

La semana pasada, mis queridos amigos del Fondo Monetario Internacional, en su enésimo estudio sobre cómo reactivar el crecimiento y el empleo en Europa, señalaba que la elevada tasa de paro que padecemos en España —recordando que está entre las más altas de la OCDE- no se explica únicamente por el estallido de la burbuja inmobiliaria sino que "se debe en gran parte a la rigidez salarial, la insuficiente flexibilidad de las condiciones laborales y el alto dualismo del mercado laboral". Con toda esta palabrería lo que querían decir es que el despido en nuestro país debería ser más barato y, sobre todo, que los sueldos deberían bajar más, ya que —según este organismo- la caída de los salarios que se ha producido desde el año

2010 no ha sido suficiente para compensar la excesiva subida de los años anteriores. Si la memoria no me falla, el salario mínimo interprofesional en España está en 752,85 euros al mes, gracias al subidón del 0,6% aprobado por el Gobierno en Diciembre. En nuestro país vecino, Francia, es de 1.425,67 euros. Según Adecco, España ocupa el puesto número 15 del ranking de salarios europeos, gracias al salario medio más alto, que lo cobran en el País Vasco y que asciende a 1.981 euros brutos al mes. Si solo contásemos la media del conjunto de las comunidades, sería de 1.450 euros mensuales. Por debajo de España tan sólo están Portugal (1.078 euros) y Grecia, que no ofrece datos. El ranking lo lidera Noruega, con un sueldo medio de 3.644 euros mensuales. Tampoco lo hacen mal Alemania y Reino Unido, con 2.445 y 2.341 euros mensuales, respectivamente.

Por el lado contrario, España es uno de los países de la Unión Europea con la gasolina más cara, la electricidad más cara, el agua más cara, el gas más caro, la telefonía más cara, el ADSL más caro, los estudios más caros, etc., etc., etc. Solo para poder ducharse, acudir al trabajo, tener un frigorífico enchufado y llamar a nuestra madre, en España se necesitan cerca de unos 400 euros al mes, así que decir que hay que bajar los sueldos es un atentado moral de proporciones mayúsculas. Por eso, si alguien me preguntase sobre la ejecución del FMI, les diría que tanto no, pero un par de hostias…

96. DE IGNORANTES Y LADRONES

Warrants, ETF, derivados, futuros, opciones, CFD´s, Sicav, depósitos, opciones binarias, subyacente, cobertura, call, put, activo financiero con rendimiento explícito, beneficio distribuible, cuota de liquidación, disolución del Garante, disolución del Emisor, Euribor, IRS, interés nominal, TAE, fondo de pensiones, plan de pensiones, fondo de garantía parcial… y podría seguir así toda la noche. Seguramente, la mayoría de nosotros hemos leído o escuchado en alguna ocasión alguna de estas palabras referentes a productos financieros. Muchas menos personas sabrán decir el significado y las características de tres de ellas. Y casi ninguno de nosotros sabría explicar claramente las diferencias fundamentales que existen entre un depósito y un fondo, entre el TAE y el interés nominal.

Pues bien, esta misma semana –por el juicio de las llamadas "preferentes"-, el ex presidente de Caja Madrid, **Miguel Blesa**, alegó ante el juez de la Audiencia Nacional que ser minorista o jubilado no implicaba ser un "ignorante financiero". No se puede afirmar que entre la gran cantidad de personas que fueron "estafadas" con las preferentes no hubiese por ahí algún genio de las finanzas –alguien que entendiese todas las palabras del primer párrafo sin ninguna duda-, pero todos sabemos que la gran mayoría no lo eran. Eran –en todo caso- confiados, por creer ingenuamente que los empleados de las entidades bancarias se preocupaban por los intereses de sus clientes, y no por los del propio banco. Hacer este tipo de declaraciones tan a la ligera es algo peligroso, porque –del mismo modo- a la gente se le podría calentar la boca y decir que ser presidente de un banco o de una caja en España implica ser un sinvergüenza y un ladrón. Sin embargo, lo más grave de todo lo que dijo este señor no fue esa frase tan incendiaria –que oculta la realidad de todo el meollo-, sino que, en cualquier caso, cada uno de los afectados era "responsable" de lo que firmaba y que él no podía "responsabilizarse" de lo que ofreciesen o dejaran de ofrecer los directores de las sucursales.

Cuando uno acepta un cargo, sea cual sea, acepta con ello también una responsabilidad. La palabra "responsabilidad", como ya sabemos, no existe en nuestro país, ya que aquí nadie es responsable de nada; los bancos quiebran solos, el paro aumenta porque le da la gana, el precio de la gasolina sube porque la gasolina es así de caprichosa, el precio de la luz es muy inestable porque padece de hiperactividad, el dinero se desvía a cuentas de Suiza porque es muy viajero, los edificios pagados con dinero público son caros porque son muy caprichosos y los afectados por las preferentes decidieron joderse la vida comprando un producto que ni siquiera los directores de banco sabían lo que era.

En un país corrupto hasta la médula como es España, asistimos a un momento crítico donde la justicia –si no quiere unirse a la inmundicia generalizada que sufren los demás poderes- debe hacer honor a esa palabra. Los ciudadanos estamos hartos de ver un día sí y otro también que los cargos políticos y los grandes empresarios están exentos de cualquier responsabilidad, como si fuesen una raza aparte de seres intocables.

97. DÍA MUNDIAL DE LA POESÍA

Decía **Rabindranath Tagore** que "la poesía es el eco de la melodía del universo en el corazón de los humanos". Durante muchos años, la poesía ha representado una de las ramas artísticas y literarias más importantes de la cultura. Nombres como **Byron, Pablo Neruda, Borges, Gustavo Adolfo Bécquer, García Lorca, Dante Alighieri, Antonio Machado, Caváfis, Shakespeare, Goethe, Rosalía de Castro, Yeats, Leopardi, Rimbaud** y un larguísimo etcétera son reconocidos y admirados por sus ya inmortales poemas. Antiguamente, no existía revista cultural o periódico que no publicase uno o varios poemas entre sus páginas, y las lecturas poéticas estaban repletas de asistentes.

Hoy en día, la cultura en general está sufriendo una crisis no solo económica, sino también creativa –aunque una cosa es consecuencia de la otra-. En España, donde la cultura media del ciudadano es bastante limitada y existe un cierto desprecio general hacia todo lo cultural, los índices de lectura no crecen ni a tiros, las exposiciones fotográficas o pictóricas cada vez cuentan con menos afluencia, apenas existe oferta de música clásica o de teatro y la poesía ha muerto casi definitivamente entre los gustos de lectura de los lectores.

La importancia de un país no se mide solo por su Producto Interior Bruto, se mide también por su cultura. El nivel cultural de los ciudadanos y su civismo social son el referente clave para medir el desarrollo de una nación. En nuestra nación, la mayoría de los ciudadanos conocen a **Ronaldo**, a **Messi**, a **Belén Esteban** o a **Paquirrín**, y saben de la vida de estos personajes más incluso que de la propia, pero pocos conocen a **Leopoldo María Panero**, ni saben que ha muerto recientemente, ni han leído aunque sea un solo poema suyo —algunos ni siquiera sabrán que era poeta- y, lo que es peor, ni siquiera les importa. Pero, además de esta apatía social hacia lo cultural, lo más grave es el escaso interés que la cultura supone para nuestros gobernantes. En nuestro país, el IVA de una cerveza es semejante al IVA de un libro. Se subvenciona los toros pero se penaliza a las editoriales. Se institucionaliza el arte y se desprecia al artista. Mientras en otros países cientos de artistas —escritores, pintores, músicos, bailarines, etc.- viven de su profesión, en nuestro país son excepción los casos de escritores o pintores que pueden vivir de su arte.

El 21 de marzo se celebra el Día Mundial de la Poesía, un día en el que hay poco que celebrar. La pérdida creciente de la poesía o la filosofía en la sociedad actual es el reflejo más claro de que el funcionalismo y el materialismo han vencido, en detrimento de lo espiritual y artístico. **Joaquín Sabina** dijo en una ocasión que "la poesía huye, a veces, de los libros para anidar extramuros, en la calle, en el silencio, en los sueños, en la piel, en los escombros, incluso en la basura. Donde no suele cobijarse nunca es en el verbo de los subsecretarios, de los comerciantes o de los lechuginos de televisión". Hoy en día, la poesía parece haber huido también de las calles y de los sueños, y ya no somos capaces de oír, como decía **Tagore**, la melodía del universo en nuestros corazones.

98. NO AL BILINGÜISMO

Imaginémonos que somos los dueños de un comercio, y que en el comercio de al lado se dedican también a vender productos de nuestro mismo sector. Imaginémonos que cada vez que llega un cliente le decimos que está bien que nos compre a nosotros, que se lo agradecemos, pero que mejor que le compre al comercio de al lado. Lógicamente, con el tiempo, nuestro comercio entrará en quiebra y el comercio de nuestro vecino tendrá enormes beneficios. Pues bien; algo parecido es lo que estamos haciendo con el idioma español.

Según parece —a juzgar por las últimas regulaciones en materia educativa-, las distintas Consejerías de Educación autonómicas y el propio Ministerio de Educación están obsesionados con convertir a todos los colegios e institutos en centros bilingües, con el beneplácito de la sociedad, que aplaude esta maravillosa iniciativa. En la actualidad —y según infinidad de evaluaciones internas y externas-, un número nada despreciable de nuestros alumnos salen balbuceando en español, sin embargo, los responsables educativos creen que es mejor que, en vez de aprender mejor español, salgan también balbuceando en inglés, que es más moderno. Esta ofuscación por el bilingüismo se debe —al parecer- a que es muy importante que los niños y jóvenes sepan hablar inglés por cuestiones laborales. Da la sensación de que, o bien todos nuestros alumnos se van a ir a trabajar a un país extranjero o que todos van a tener en su trabajo contacto con personas de esta lengua. La estupidez administrativa y empresarial ha llegado a tal punto que ahora se pide el inglés como requisito para cualquier trabajo, ya sea para envolver bocadillos, cortar chuletas o vender zapatos. Así, para trabajar en los jardines públicos de nuestro país hay ayuntamientos que piden como requisito conocimiento de idiomas, ya que –lógicamente- nunca se sabe en qué lengua nos va a responder un gladiolo.

Yo entiendo que aprender idiomas –especialmente el inglés- puede llegar a ser importante para la formación de un individuo -también lo es cocinar y, sin embargo, no se enseña en los institutos-. Sin embargo, el inglés ya se estudia como lengua en los centros educativos, y –para quien quiera perfeccionar su aprendizaje por razones personales o profesionales- existe la posibilidad de acudir a la Escuela Oficial de Idiomas, que para eso está. Por su parte, como deferencia, uno puede intentar contratar a personal que sepa inglés –no hace falta que sea nativo- para atender a los extranjeros que no sepan castellano, pero en nuestro país se habla español, y tampoco estaría de más que quien venga a nuestro país aprendan al menos un par de frases básicas, como hacemos todos cuando salimos por el mundo adelante.

A veces hay que recordar que el castellano –o español- es la segunda lengua en el mundo por número de hablantes nativos y el segundo idioma en comunicación internacional. Se calcula que con el ritmo de crecimiento de nuestra lengua, en 2030, el 7,5% de la población mundial será hispanohablante. En la actualidad, unos 18 millones de alumnos estudian español como lengua extranjera en todo el mundo. Con estos datos, es absolutamente absurdo llevar políticas educativas donde el inglés tenga la misma relevancia que nuestra propia lengua: aprender inglés, sí; bilingüismo, no, thanks.

99 APROVECHARSE DE LOS PARADOS

Hace unos días, una amiga mía acudió a una entrevista de trabajo. La oferta -encontrada en un portal de Internet-, ofrecía un sueldo de novecientos cincuenta euros al mes, incorporación inmediata y tres vacantes disponibles para una empresa "muy importante". Un par de semanas después de suscribirse a la oferta, mi amiga recibió una llamada de una empresa nacional especializada en entrevistas de trabajo para otras compañías en la que le decían que —si seguía interesada- debía acudir a su oficina a una hora determinada para una entrevista individual.

Al llegar a la oficina, mi amiga se encontró con otras tres personas esperando en el hall de entrada. Poco a poco, fueron llegando un total de 10. Una vez reunidos todos, la responsable encargada de la entrevista les pidió que pasasen a una sala. Lo de "sala" lo he puesto yo, porque en realidad era un cuchitril con sillas desparramadas donde cabían con dificultad los entrevistados. Una vez en sus asientos, la mujer les explicó en qué consistía la entrevista, que al parecer ya no era individual, sino grupal: una presentación, un cuestionario de preguntas sobre uno mismo en inglés y en español y una resolución individual y común sobre un supuesto práctico. Para mejorar el escenario, el hilo musical ofrecía bellas canciones de **David Bisbal** y **Los Mojinos Escozíos**. Como iluminación, un ventanuco cutre y sucio alumbraba un espacio triste y lleno de cajas y archivadores apilados. Como no podía ser de otro modo, no había mesas ni pupitres para contestar a los cuestionarios, por lo que los entrevistados tuvieron que escribir sus respuestas apoyados en el aire. Tras la finalización de la prueba, la entrevistadora les informó de que había una vacante —ya no eran tres- para una empresa importante de la que no podía decir el nombre, no fuera que se le desgastase. La contratación ya no era inmediata, sino prevista para el mes de septiembre, y no era con un sueldo de novecientos cincuenta euros al mes, sino unas prácticas remuneradas por quinientos euros.

Una persona sin trabajo es una persona llena de desesperanza y preocupaciones. La necesidad o la urgencia por encontrar un puesto de trabajo con el que sustentarse o sustentar a una familia crea en las personas una enorme ansiedad y una sensación de no valer para nada o de estar en el sitio equivocado en el momento más inoportuno. A cada una de las personas que se han sacrificado en sus estudios o en sus trabajos anteriores y que ahora están en paro deberíamos tratarlas como a reyes. Chotaerse de los parados —ya sea a través de entrevistas embaucadoras o directamente fraudulentas, u ofreciendo trabajos por un sueldo de esclavo- debería tener la consideración de delito grave, ya que no se atenta contra quien posee el poder, sino contra el débil que se siente frágil y desamparado.

Los ciudadanos, por norma general, siempre nos quejamos de nuestros gobernantes. Pero nuestros gobernantes —aunque lo parezca- no bajan de naves espaciales: son iguales a nosotros. Por eso, si no nos respetamos entre los ciudadanos, difícilmente podemos pedir que nos respeten aquellos que nos gobiernan. No somos conscientes de que los cambios sociales, muchas veces, empiezan por cambiar nosotros mismos.

100. EN MI PUTA VIDA

Esta semana, la vicepresidenta del Gobierno, Soraya Sáenz de Santamaría, ha rechazado de forma tajante que haya percibido algún tipo de sobresueldos en algún momento, en contra de las acusaciones vertidas por la portavoz socialista, Soraya Rodríguez, que la acusó de recibir casi 600.000 euros de gratificación. Para hacer enérgica su declaración, Soraya Sáenz de Santamaría señaló en los pasillos del Congreso que "En mi puta vida he cobrado un sobre del partido". Está claro que si uno dice "en mi vida he cobrado un sobre del partido" puede estar mintiendo, pero si en su lugar de eso decimos "en mi puta vida", entonces es seguro que decimos la verdad.

Yo, en mi puta vida, había cobrado tan poco. Lo digo para que quede constancia de que digo la verdad por si los miembros del gobierno no lo tenían muy claro. Desde que el Partido Socialista Obrero Español –al que ya empiezan a sobrarle siglas- comenzara con sus recortes y éstos fueran continuados por el Partido Popular, actualmente cobro un 25% menos que hace cinco años. Lo mismo le pasa a mi madre, a mi hermano, a mis primos y a toda la gente que conozco. Hasta donde yo sé, ningún político en España ha rebajado su sueldo en igual proporción, por lo cual está claro que, de una forma o de otra, todos siguen cobrando sobresueldos, especialmente si tenemos en cuenta su mediocridad y lo poco y mal que trabajan.

En España, este hermoso país de ricos embutidos, donde priman los chorizos, hay en la actualidad casi 1.700 causas abiertas en diferentes órganos judiciales por corrupción, con más de 500 imputados. Alrededor de unos 300 políticos y 200 empresarios. Solo desde el año 2.000, los quince casos de corrupción más importantes —solo los más importantes- se han cobrado la suma de 6.839 millones de euros. Esta cantidad supone mil millones de euros más que el presupuesto del Ministerio de Defensa, tres veces más que el presupuesto de Educación y tres veces más que el presupuesto de Sanidad. Si me permiten decirlo; eso yo no lo había visto en mi puta vida.

Según distintas fuentes, se calcula que en Suiza hay unos 50.000.000.000 millones de euros procedentes de ciudadanos españoles. Cincuenta mil millones, con letra, por si se han mareado con tantos ceros. La gran mayoría de ese dinero proviene —al parecer- de corruptos y de grandes empresarios que prefieren la comodidad de tener su dinero en un paraíso fiscal antes que en su propio país, al que utilizan como váter o inodoro Todo esa ingente cantidad de dinero -robado a los españoles o no regularizado para evadir impuestos- suponen una gran lacra para las arcas del estado y —por añadidura- para el resto de ciudadanos, que vemos al final como hacienda no somos todos.

Siguiendo con este tipo de cosas, en la actualidad hay en España unos 5.933.000 parados, un aumento atroz de la pobreza infantil, hospitales que cierran plantas mientras los pacientes mueren en los pasillos, gente que rebusca en la basura, aumento de delincuencia, … En fin; todo lo que yo no imaginé para mi país en mi puta vida.

Al final, el problema de que en este país los sueldos sean tan miserables y los servicios tan precarios es de todos aquellos conciudadanos que roban a espuertas, enriqueciéndose a nuestra costa, empobreciendo el país y haciéndonoslo pasar tan putas.

101. DE YONQUIS, ENFERMOS Y HOMICIDAS

Siempre me ha admirado la capacidad que tenemos los españoles para justificarnos ante nuestras malas acciones. Como prueba máxima de la justificación, hemos inventado la expresión *"que yo no he matado a nadie"*. Así, si aparcamos en doble fila y el policía intenta ponernos una multa, le decimos a voz en grito: "oiga; que yo no he matado a nadie", y con eso damos por hecho que somos buenos y no merecemos ningún tipo de sanción. Lo mismo decimos si incumplimos una norma de tráfico, si no pagamos a hacienda, si mentimos a otros o si cometemos algún delito menor. Lo que sucede es que, en muchas ocasiones, matar o no matar a alguien no depende única y exclusivamente de nuestra voluntad, sino de nuestro grado de irresponsabilidad.

Hace ya varios meses, en el programa Sálvame Deluxe, **Sofía Cristo** hacía unas declaraciones en las que confesaba que tomaba drogas desde los 15 años. Ante las preguntas de los contertulios, esta mujer afirmó que ser drogadicto era una enfermedad, como quien tenía un cáncer. Aquella comparación entre el consumo de drogas y una enfermedad tan cruel como el cáncer pasó prácticamente desapercibida, y nadie pareció escandalizarse por ello, tal vez porque algunos de los contertulios —en otras épocas— también disfrutaron de esa costumbre. Tampoco aquella declaración causó escándalo en los medios de comunicación, tal vez porque todos damos por sentado que tomar drogas es una enfermedad. Hasta donde yo sé, ninguna persona elige coger una jeringuilla e inyectarse, por ejemplo, un cáncer o una artrosis. Sin embargo, para esnifar cocaína, hay que ir a comprar la droga, ponerla en un lugar seco y llano, coger un tubito, introducirlo en nuestra nariz y aspirar el polvillo profundamente. No voy a negar que ser drogadicto o tener un familiar yonqui no sea una desgracia, duro, doloroso, pero no es algo sobrevenido, sino algo en lo que interviene de algún modo la voluntad.

En este punto, se preguntarán, ¿a qué viene todo esto? Pues bien, según ha indicado el Instituto Nacional de Toxicología, un 43% de los conductores fallecidos el año pasado en accidente de tráfico había consumido drogas, alcohol o psicofármacos. De igual modo, el informe destaca que el 23% de los fallecidos por atropello también presentaban concentración de estas sustancias en sangre. Hace unas semanas, el famoso torero **José Ortega Cano** entraba en prisión condenado a dos años y medio de cárcel por un accidente de tráfico en el que murió una persona cuando —según la sentencia- conducía con una alcoholemia el triple de lo autorizado. Hace tan solo unos días, en Monterrubio de la Serena (Badajoz), cinco menores fallecían al chocar el microbús en el que viajaban con una máquina agrícola. El conductor de la retroexcavadora fue detenido por dar positivo por drogas.

Es evidente que cualquiera puede cometer un error en la carretera, pero si consumimos algún tipo de sustancias el riesgo de padecer o —lo que es peor- provocar un accidente mortal aumenta considerablemente. Sin embargo, en este país extraño, aplaudimos alegremente a personajes famosos que han declarado consumir drogas, los invitamos a charlas para que cuenten sus experiencias, los ensalzamos, escriben libros, mientras los enfermos de cáncer padecen a diario el dolor de la enfermedad, tienen que pagar por ver la televisión en los hospitales, soportan largas listas de espera y sufren el olvido y el silencio de una sociedad que, cuando menos, parece profundamente corrompida.

102. TONTO EL QUE LO LEA

Por fin se acabó la Feria del Libro de Madrid. Y digo "por fin" porque –como señalan algunos escritores- esta celebración últimamente se parece más a una feria de ganado que a una feria del libro. Según se lamentan muchos autores, desde hace ya varios años, el mundo editorial ha comenzado a despreocuparse por la cultura para dedicarse al mundo del espectáculo. Y es que, en la última década, y con mayor virulencia en estos cinco últimos años, las editoriales españolas se han convertido en una ramificación –o una ramerización- de la televisión. La televisión ha invadido de tal modo el mundo editorial que personajes como **Jorge Javier, Maxim Huerta, David Cantero, Mario Vaquerizo, Mónica Carrillo, Cristina Morató, Christian Gálvez, Luján Argüelles, Cristina Pardo, Dani Mateo, Adriana Abenia, el Gran Wyoming, Nieves Herrero**, y –cómo no- **Belén Esteban** –que en solo 24 horas se colocó como número uno en ventas con su libro **Ambiciones y reflexiones-** son en la actualidad los grandes reclamos de las casetas de las ferias de libros a lo largo y ancho de nuestro país. Todos estos personajes –y muchos otros - no son famosos por escribir, sino que escriben porque son famosos. La situación de los escritores de verdad –los escritores con mayúsculas- es tan precaria que, según el último informe de Estadística de Producción Editorial, la economía doméstica, la cocina y los trucos del hogar han sido los únicos títulos que han aumentado su presencia en el panorama librero nacional desde 2008, mientras que la filosofía, la novela, el ensayo o la poesía cada vez tienen menos lectores y menos libros en las estanterías de las librerías y de los hogares. De igual manera, se calcula que en España solo hay cinco escritores que viven de sus libros.

Sin embargo, para ser justos, la culpa de esta deplorable situación en el mundo "literario" no es solo de las editoriales –que también- sino, por un lado, de nuestros gobernantes y, por otro, de nuestros conciudadanos. Con respecto a los primeros, basta decir que aplicar un IVA del 21% a los productos culturales como si fuesen productos de lujo es un auténtico despropósito, además de un medio para que los ciudadanos –siempre tan felices- no se cultiven y sean más estúpidos y sumisos. En cuanto a nuestros conciudadanos, no hace falta recordar que los españoles nos hemos aborregado. Aunque habrá quien discrepe, solo hace falta comparar los libros más vendidos o películas más vistas en los distintos países civilizados con los que se venden y se ven en España para confirmar esta afirmación. Y es que en nuestro país la cultura escuece, nos causa eccemas, repelús, y preferimos los diarios deportivos a los periódicos generalistas, las películas chorras a las películas con contenido, los cotilleos de la vida ajena a la lectura de los clásicos.

Así que, vista la situación, en unas décadas las grandes editoriales publicarán ya solamente bazofia, mientras que cientos de escritores se morirán sin apenas ser descubiertos. De todas formas, mientras tengamos chismorreo, cervecita, fútbol y playa, ¿a quién le importa?

103. CARRUSEL DE POLÍTICOS

Con la llegada del primer día de septiembre se han terminado definitivamente las vacaciones de verano y, sin tiempo casi para respirar, comienza ya un nuevo y sugestivo curso político. Todos los partidos políticos empiezan a preparar este nuevo curso con premura, dispuestos a posicionar a sus mejores ejemplares en la línea de salida, ante un año crucial que nos conducirá definitivamente a unas elecciones generales, presumiblemente a finales de 2015. El Partido Popular, con **Mariano Rajoy** a la cabeza, intentará remontar el vuelo de su gaviota, que parece divagar un poco desorientada. Sin bien es cierto que los datos macroeconómicos le están saliendo bien, también es cierto que la economía del país sigue descarrilando cuesta abajo y sin frenos, con unas cifras de paro que serían la vergüenza de cualquier dirigente, con un aumento considerable de la miseria miremos donde miremos y con una OCDE que advierte de la penuria de los hogares españoles por la bajada continuada de los salarios. En el lado opuesto, el recién nacido Podemos continúa su remontada histórica con **Pablo Iglesias** como jinete fustigador. Su creciente aumento en intención de voto no puede enmascarar, sin embargo, la excesiva simplicidad de sus propuestas populistas, algunas de las cuales ya están comenzando a reconocer que serían difícilmente aplicables. Tampoco parecen muy acertados en cuanto a su visión de España, porque oyendo hablar a su máximo exponente da la sensación de que en nuestro país das una patada y salen miles de fascistas cantando el "Cara al sol" con la mano en alto. Sin embargo, cuando se transmite la idea constante y machacante de que quien no opina como uno es un fascista, puede dar a entender que el fascista es uno mismo, y no el otro. Por su parte, el Partido Socialista

222

Obrero Español, con el guapo y fornido **Pedro Sánchez** al frente de las tropas, sigue con las mismas dudas y complejos de siempre, esto es: ni es un partido —en Cataluña dicen lo contrario que en Madrid-, ni se atreven a ser socialistas, ni son obreros y, en algunas de sus asociaciones como la catalana o la vasca, ni siquiera se sienten españoles. Con ese desalentador panorama de incongruencias, y tal como ya escribí en este mismo diario hace un par de años, el PSOE corre el riesgo de quedar relegado a una tercera posición en votos, lo cual ya no parece tan lejano. En cuanto a los partidos nacionalistas, gracias a la idiosincrasia de este país donde las normas y las leyes están para pasárselas por el forro, siguen y seguirán llorando y lamentándose por la invasión española de sus territorios allá por el siglo cincuenta y seis antes de Cristo, por la marginación de sus ciudadanos, por la opresión que sufre su cultura, por su derecho a decidir lo que les salga del mondongo.

Durante estos meses que nos esperan hasta las elecciones no sé si veremos refriega o concordia, no sé si veremos brotes verdes o raíces vigorosas, fascistas imaginarios o populistas indignados, maquillaje de cifras o maquillaje de tupés, referéndums independentistas o respeto por la constitución... lo que sí veremos seguro son más y más casos de dinero público que sale de las arcas del estado para terminar en la cuenta suiza de algún político. Eso sí; gracias al amparo o negligencia de todos los partidos que han convertido nuestra democracia en su propio criadero de generar billetes.

104. AL RICO MAESTRO

Chabelita Pantoja -la hija de la famosa cantante **Isabel Pantoja**- una chica con estudios limitados y cero años de experiencia, ha fichado por el programa de Telecinco "Cazamariposas" en el que dispondrá de un espacio como estilista y "experta" en moda. Según diferentes diarios, la hija de la cantante -con tan solo 19 años- cobrará la nada despreciable cifra de 7.200 euros al mes. Ante esta noticia, muchos profesionales de la moda han criticado duramente esta intromisión. Sin embargo, en este país, que es –como Estados Unidos- el país de las oportunidades, pero para los gilipollas, otros tantos profesionales de ese mundo apoyaron su estreno con el hermoso mensaje de que todo el mundo debe luchar por sus sueños, aunque el único mérito que uno presente sea su apellido. Incluso, ante las críticas recibidas, cientos, miles, millones de *tuiteros* se unieron en las redes sociales para defender y apoyar a la joven.

Mujeres, hombres y viceversa –MHYV- es uno de los programas más vistos por los jóvenes españoles. El estilismo que presentan los tronistas y pretendientes es ejemplo a seguir por millones de jóvenes con ciertas limitaciones espirituales e intelectuales. Para los mayores de esa edad está Sálvame, también de Telecinco y con una audiencia casi demoledora, que es el programa que entretiene a los padres de los que ven MHYV.

El libro de **Belén Esteban** fue uno de los más vendidos de este año. En tan solo unas semanas tuvo que realizarse una segunda edición. En pocos años será más vendido que la propia Biblia. Tal ha sido su éxito que las editoriales –esas prestigiosas instituciones culturales- se matan entre ellas para tener entre sus escritores a famosos, hijos de famosos y demás familia del famoseo. Por lo demás, el español medio no compra libros, excepto para colocarlos debajo de alguna mesa que cojee.

Con el boom inmobiliario y del consumo, en este país —que rezuma conciencia social por los cuatro costados- mucha gente se reía de los funcionarios públicos por cobrar un sueldo tan ridículo, mientras ellos navegaban en la opulencia del pan para hoy y hambre para mañana.

El número de agresiones de hijos a padres ha aumentado escandalosamente en los últimos años. Las agresiones entre jóvenes y adolescentes, también. Lo mismo sucede con los embarazos no deseados en adolescentes. La policía ronda institutos y colegios en busca de drogas un día sí y otro también porque, según parece, España es el país del mundo donde los jóvenes se drogan más y mejor.

Posiblemente, ustedes se estarán preguntando a qué viene tanta divagación, pero es que esta semana, **Dirk Van Damme**, responsable del informe "Panorama de la Educación" de la OCDE, dijo con absoluta desvergüenza que los altos salarios de los profesores eran los culpables de los problemas de educación en nuestro país. El sueldo de los profesores —por su responsabilidad y por lo que tienen que padecer- es una auténtica miseria, porque los docentes tienen que soportar con absoluta resignación que nuestra sociedad tenga como ejemplo del éxito a gente como **Chabelita** o **Belén Esteban**, que la lectura sea despreciada en las familias, que se banalice la sexualidad y las drogas, que una persona sin estudios cobre el triple que una con estudios, que las normas en las casas sean inexistente. Hasta que eso no cambie, la educación no tiene remedio ni trabajando gratis.

105. MEJORAR LA SANIDAD PÚBLICA

Si ustedes quieren saber lo que es la celeridad, la rapidez y la eficacia, ni se les ocurra acercarse a las urgencias de un hospital público. La palabra "urgencia" pierde allí todo su significado. Nada más atravesar la puerta, uno se encuentra como si estuviese en el Santiago Bernabéu, porque hay cientos de personas esperando para entrar. Claro que allí, las caras no son de felicidad y alegría, sino de resignación y dolor.

Hace unas semanas, por avatares de la vida, tuve que acudir a urgencias con un familiar. A las dos horas de estar esperando de pie en un pasillo donde celadores, enfermeros y médicos cruzaban de un lado a otro con parsimonia y la mirada fija en sus papeles, un médico nos informó por primera vez de que la sala para curas estaba ocupada por camillas con enfermos y que tendríamos que esperar a que la despejaran. Después de aquella información, nada más hasta otras dos horas más tarde. Una vez que le realizaron las primeras curas a mi familiar, nos mandaron pasar a otra sala de espera a la espera —valga la redundancia- de un TAC. Allí la situación era digna de ser grabada. Una chica llevaba 8 horas de dolor porque tenían que operarla, pero faltaba no sé quién. Otro hombre que acompañaba a su padre -que era enfermo crónico- comentaba que un día entró a las 12 del mediodía y salió a las 4 de la madrugada. Una anciana sola, senil y meada hasta el cuello se levantaba una y otra vez amenazando con irse, porque —según ella- tenía cosas que hacer y no podía perder allí toda la noche. Como no había asientos para todos, los acompañantes teníamos que permanecer de pie en un pasillo dificultando el paso de camillas y personal sanitario. Después de una media hora de espera, fui a la zona donde se realizaban los TAC. Allí había dos hombres charlando animadamente. Entonces regresé y le pregunté tímidamente a una de las enfermeras si faltaba mucho para el TAC. La mujer descolgó el teléfono y llamó a los encargados, que salieron inmediatamente, lo que significa que no estaban haciendo nada. Tal era el espectáculo que allí se vivía que una de las enfermeras animó a todos a poner una reclamación. Tras otra hora de espera, finalmente vino el primer médico para darle el alta a mi familiar. En total, 6 horas para unas curas y un TAC.

Tras esta magnífica experiencia, hablé con varias amigas mías enfermeras sobre el asunto. Ambas me dijeron que eso era algo habitual. Si bien era cierto que los recortes del gobierno en Sanidad habían agravado la situación, ambas me confirmaron que la falta de organización, la deficiencia en los protocolos y la dejadez de muchos compañeros que viven sin dar palo al agua provocaban ese desastre a nivel organizativo. Salas vacía, médicos que hacían tiempo entre paciente y paciente, enfermeros que se escaqueaban, coordinadores que no coordinaban, etc.

Nuestra Sanidad pública está considerada como de las mejores de Europa, pero más por su cobertura que por cómo se trabaja. O, mejor dicho; porque el trabajo de los mejores oculta la dejadez de los peores. No cabe duda de que los españoles abusamos de los servicios de urgencia, pero eso se debe al mal funcionamiento del resto del sistema, donde para hacerse una ecografía hay que esperar un año en el mejor de los casos. Todos los meses, el estado nos quita una parte considerable del sueldo para la sanidad pública, así que lo mínimo es que los directores de los hospitales, así como sus trabajadores, ofrezcan a los pacientes, sino dignidad, al menos sí un poco de respeto.

106. ADIÓS MI ESPAÑA QUERIDA

Cómo cambian las cosas. O quizá no tanto. Decía la letra de la canción El emigrante, compuesta por Niño Ricardo y Juanito Valderrama: «Adiós mi España querida, dentro de mi alma te llevo metía; aunque soy un emigrante, jamás en la vida yo podre olvidarte». Y de esto hace ya más de cincuenta años. Pero la historia, cuando no se corrige, vuelve inexorablemente a repetirse cincuenta años después, España vuelve a convertirse tristemente en productor mundial de emigrantes, aunque, a diferencia de antaño, ni la España es ya tan querida ni, en muchos casos, difícil de olvidar. Según los datos del Instituto Nacional de Estadística, INE, casi un millón de personas -927.890- emigraron de España entre enero de 2011 y septiembre de 2012. De ellos, 117.523 -un 12,6% del total- fueron españoles, aunque ese porcentaje, según parece, se va incrementando paulatinamente. En los primeros nueve meses de este año se fueron de España 54.912 españoles, un 21,6% más que en el mismo período del año anterior, cuando emigraron 45.161. En total, entre enero y septiembre de 2012 salieron del país 420.150 personas, de los que 365.238 fueron extranjeros, lo que supone 37.539 personas más que en el mismo periodo de 2011. Con estos datos, el saldo migratorio -la diferencia entre las personas que entran y las que se van- durante esos nueve meses ha sido negativa en 137.628 personas.

España, como en la década de los 50 y 60, vuelve a ser un foco de emigración, aunque, a diferencia de lo que sucedía por entonces, los que se van ahora son, por lo general, personas con una gran preparación profesional. Es decir, lo que se denomina mano de obra cualificada, que es precisamente lo que más necesita este país tan abarrotado de incultura. Esto hace que el drama de esta nueva ola de emigración sea aún mayor. Entre esos españoles que emigran (y otros muchos que lo tienen en la cabeza pero que no dan el salto) está la convicción de que en España se les trata injustamente. Y, viendo los sueldos que se pagan en este miserable país, tienen toda la razón.

La idea de que se vive mejor en cualquier otra parte de Europa que en España está calando entre la juventud. Y es que esos programas donde nos muestran la vida cotidiana en los distintos países del mundo nos han abierto los ojos. Gracias a esos programas, hemos comprobado que en muchos países de Europa los permisos de maternidad son casi de un año, cuando aquí nos vendían los cuatro meses como si fuésemos lo más avanzado de la progresía mundial. Gracias a esos programas hemos comprobado que en muchos países de Europa los hijos tienen los estudios universitarios gratis, piso incluido; que existen otras ofertas culturales y lúdicas para los jóvenes más allá del polígono y del botellón; que los sueldos son muy superiores que en nuestro país y que los impuestos que se pagan sirven para algo más que para engordar a la clase política y empresarial. Y, claro, con ejemplos así, uno se olvida de esa estúpida cantinela de que en España se vive de puta madre porque hay sol y playa.

Nuestra querida España, gracias o por culpa de esta crisis, ha regresado de nuevo a la cruda realidad. No estamos en la Champions League de nada. Nunca lo habíamos estado. Los piojos y los chinches de antaño nunca se habían ido.

107. LA MUJER DE MI VIDA

La historia de amor entre Romeo y Julieta —que se encuentra entre la ficción y la realidad- es sin duda una de las más románticas de la historia universal. Pero no es la única. Existen historias auténticamente reales y maravillosas. Por ejemplo, la relación amorosa entre el filósofo francés Pedro Abelardo y Eloisa, con pasión a escondidas y fuga incluida. Lo mismo sucede con la historia de amor entre el emperador mogol Shah Jehan y la princesa persa Muntaz Mahal, tras cuya muerte el emperador enloqueció y se arruinó con la construcción del famoso Taj Mahal. Y qué decir de la historia entre Cleopatra y Marco Antonio. O la de Isabel de Segura y Juan Martínez de Marcilla, los famosos "Amantes de Teruel". O la de Sissi de Baviera y Francisco José. O la historia de Dante Alighieri y Beatriz Portinari. O la de Hernán Cortés y Malinalí, más conocida como La Malinche. O la preciosa historia entre Liu Guojiang -que tenía 19 años de edad- y Xu Chaoqin -una mujer de 29, madre y viuda-, que tuvieron que fugarse y vivir en la miseria repudiados por todos los familiares por su situación y la diferencia de edad. Sobre esta historia, basta decir que, como el camino hasta la recóndita cueva donde vivían era muy complicado y lleno de escarpados riscos, la mujer terminó por quedarse en casa, así que su amante decidió tallar con sus propias manos durante 50 años las gradas de una escalera para salvar los 1.550 metros de desnivel de la montaña y facilitar así la bajada de su mujer. Dice uno de sus hijos que cuando murió su padre, su madre no paraba de repetir día tras día "Tú me prometiste que cuidarías de mí, que siempre estarías conmigo hasta el día en que muriera, ahora, tú te fuiste antes que yo, ¿cómo voy a vivir sin ti?"

Todo esto que he contado viene porque hace unos días vi un cartel en un edificio público que rezaba "No puedo ser la mujer de tu vida porque ya lo soy de la mía". Y ese mensaje me llenó de una profunda tristeza. Es evidente que hoy en día el romanticismo es un reducto del pasado. Entre esta "modernidad" que potencia el individualismo y la falta de compromiso, y la violencia de género que hace que muchas personas confundan posesión con amor, se tiende a interpretar las relaciones de amor altamente pasionales como ridículas, absurdas, antiguas y, lo que es peor, como propias de seres con problemas de identidad personal. En la actualidad, todos los personajes de las historias anteriores serían considerados unos pobres y estúpidos gilipollas, ya que cada uno de nosotros debemos tener nuestra individualidad, sin necesidad de ser alguien gracias al otro.

Evidentemente una mujer puede ser la mujer de su vida. Y eso está bien. Yo, por ejemplo, también soy el hombre de mi vida. Y eso me hace feliz. No necesito a nadie para caminar, ni para beber, ni para rascarme la cabeza. Pero también tengo a mi lado a una mujer de mi vida. Como soy el hombre de mi vida, podría comer solo, pero prefiero comer con la mujer a la que amo, porque ella le da sentido a ese primitivo acto de tomar alimentos. También podía ir al cine solo, porque soy el hombre de mi vida, pero la mujer de mi vida me da visiones que a mí me pasan desapercibidas y eso me encanta. También podría caminar por una calle solo, porque soy el hombre de mi vida, pero si no voy acompañado por la mujer de mi vida me siento cojo, incluso un poco ridículo. Podría ir a la deriva por esta vida siendo solo el hombre de mi vida, pero la mujer de mi vida me complementa, me ayuda a encontrar el rumbo cuando estoy perdido, me apacigua cuando estoy nervioso, me anima cuando estoy desesperanzado, comparte mis alegrías y me hace partícipe de las suyas, me hace reír cuando estoy triste, me alegra mi existencia en esta fugaz vida cuando me despierto, o al acostarme, o cuando dice mi nombre, o cuando viajamos juntos.

Tal vez soy un individuo con problemas de identidad, no me cuesta reconocerlo; yo soy el hombre de mi vida, pero sin la mujer de mi vida, soy solo medio hombre.